Assad Khan

BUBBLE TEA

50 verrückte
Rezepte

Bassermann

INHALT

KALTER BUBBLE TEA
22

HEISSE MILCH-DRINKS
46

GEEISTE SLUSHS & CREME-TOPPINGS 54

MIXEN FÜR KÖNNER 62

BUBBLE TEA COCKTAILS & MOCKTAILS 86

VORWORT

Im Jahr 2009 habe ich zum ersten Mal Bubble Tea probiert und war sofort begeistert.
Und zwar derart, dass ich meinen bisherigen Job an den Nagel hängte und nach Taiwan reiste, um die Kunst der Zubereitung zu erlernen. Mein Traum war ein eigenes Label! Damals ahnte ich noch nicht, wohin mich diese aufregende Reise führen und wie sich mein Leben dadurch verändern würde.

Im April 2011 wurde Bubbleology nach monatelangem Lernen und vielen Vorbereitungen im Londoner Stadtteil Soho gegründet. Ich wollte die Erfahrungen, die ich gemacht hatte, und die Fähigkeiten, die ich mir in Taiwan angeeignet hatte, mit anderen teilen. Bis hierher war der Weg aufregend und voller Überraschungen. Ich möchte mich beim Bubbleology-Team und allen Menschen auf der ganzen Welt bedanken, die dazu beigetragen haben, Bubble Tea zu seiner großen Beliebtheit zu verhelfen.

Das Tolle am Bubble Tea sind sein herausragender Geschmack, die Vielfalt der Aromen, die Konsistenz der Perlen und sein einzigartiger Charakter.

Die Bubble-Tea-Branche ist rasant gewachsen, nun ist es an der Zeit, sein Geheimnis zu lüften, damit jeder ihn auch zu Hause genießen kann. Dieses Buch wendet sich sowohl an Bubble-Tea-Neulinge, an bekennende Fans als auch an erfahrene Mixologen, die auf der Suche nach Ideen sind, um Tapiokaperlen in Ihre Drinks zu integrieren.

Dieses Buch befasst sich mit jedem Schritt des Bubble-Tea-Prozesses, von der Herstellung von Tapioka bis hin zu verschiedenen Teebasen, Mixtechniken und Geschmacksvarianten. Die Rezepte lehnen sich an die Getränkekarte von Bubbleology an und beinhalten Drinks für alle Gelegenheiten, von einfachen Rezepten über raffinierte Mischungen bis hin zu eleganten Cocktails und Mocktails.

Ich hoffe, Sie haben Spaß daran, die Rezepte auszuprobieren und dann mit eigenen Geschmackskombinationen zu experimentieren. Genießen Sie die Aromen, erleben Sie neue Geschmäcker und Texturen und entdecken Sie das faszinierende Getränk, das man auch essen kann.

Assad Khan

Geschäftsführer und Gründer von Bubbleology

DIE URSPRÜNGE

Bubble Tea ist ein erfrischendes Getränk auf Teebasis mit Tapiokaperlen. Getrunken wird er mit einem dicken Trinkhalm, durch den die Tapiokaperlen leicht gleiten können. Die Grundlage für die zahlreichen Geschmacksrichtungen bildet echter Tee, manchmal Früchtetee oder Milch. Traditionell wird Bubble Tea kalt genossen, man kann ihn aber auch heiß sofort servieren.

Dieses köstliche Getränk entstand in den frühen 1980er-Jahren in Taiwan. Es ist nicht ganz klar, wem genau die Erfindung des Bubble Teas zuzuschreiben ist, aber wer auch immer es war: Es ist eine geniale Kreation! Darin sind sich alle einig.

Der erste Bubble Tea war nicht mehr als ein simpler Tee mit Tapiokaperlen. Seitdem hat er eine rasante und aufregende Entwicklung durchgemacht. Heute gibt es eine außergewöhnliche Vielfalt an Geschmacksrichtungen sowie verschiedene köstliche Toppings.

Taipeh

Taiwan

Über Bubbleology

Bubbleology wurde 2011 im Herzen von Soho geboren und hat sich seitdem in ganz Großbritannien und weit über die Grenzen des Landes hinaus verbreitet. Bubble Tea hat eine interessante Geschichte, und es ist uns wichtig, sein taiwanesisches Erbe zu würdigen und ihm die Aufmerksamkeit zu schenken, die er verdient.

Dennoch ist Bubbleology kein traditioneller taiwanesischer Bubble-Tea-Anbieter. Wir haben unsere eigene Interpretation dieses außergewöhnlichen Getränks kreiert. Es war immer unsere Absicht, auf Basis der Tradition einen eigenen Stil zu entwickeln – mit spannenden Mixturen, einzigartigen Dessert-Drink-Fusionen und sogar Alkoholzusatz!

Für dieses Buch wurden die Rezepte vereinfacht, damit Sie Bubble Tea ganz leicht zu Hause zubereiten können. Einige Zutaten, die wir in unseren Bars verwenden, sind nicht überall erhältlich, darum werden sie in diesem Buch durch andere ersetzt, die weiter verbreitet sind. Unser Ziel besteht vor allem darin, dass wir die Zubereitung von Bubble Tea jedem im Alltag zugänglich machen möchten.

WAS STECKT
IM BUBBLE TEA?

Das Geheimnis von Bubble Tea ist seine Mischung. Sie können sich zwischen verschiedenen Teebasen, Geschmacksrichtungen, Tapiokaperlen (oder Popping Boba) und Toppings entscheiden. Wie und was auch immer Sie kombinieren, das Prinzip bleibt dasselbe: Sie brauchen eine **Teebasis**, **Perlen**, **Aromen** sowie einen leicht **löslichen Süßstoff** – und natürlich einen **extradicken Trinkhalm**, um die Bubbles zu genießen.

Im ersten Teil des Buchs zeigen wir Ihnen, wie Sie die einzelnen Komponenten zubereiten. Im Anschluss daran kann das kreative Mixen beginnen.

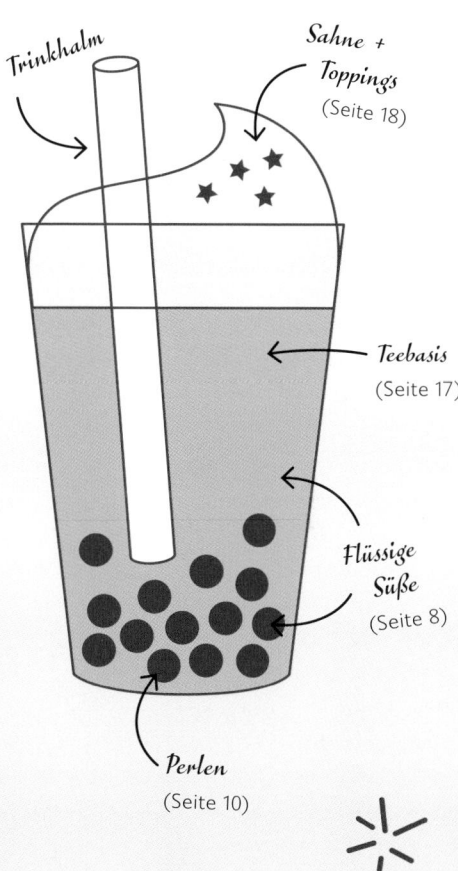

Trinkhalm

Sahne +
Toppings
(Seite 18)

Teebasis
(Seite 17)

Flüssige
Süße
(Seite 8)

Perlen
(Seite 10)

Mengen

Alle Rezepte in diesem Buch sind für eine Portion berechnet. Für mehr Personen die Menge einfach vervielfachen.

1: DIE LÖSLICHE SÜSSE

Bubble Tea ist ein Dessertgetränk, das meist kalt getrunken wird. Zur Zubereitung benötigen Sie ein sofort lösliches, vorzugsweise flüssiges Süßungsmittel (das auch zum Süßen der Tapiokaperlen verwendet wird).

Sie haben die Wahl zwischen Zutaten wie Agavendicksaft, Zuckerrübensirup oder Honig. Beliebt ist auch der einfache Zuckersirup (Läuterzucker), der ganz leicht zu Hause hergestellt werden kann (und viel billiger ist als die meisten anderen Alternativen). Wir empfehlen darum, dass Sie es zunächst mit Zuckersirup versuchen.

Bubble Tea süßen

Wie viel lösliche Süße Sie für die Rezepte in diesem Buch verwenden, hängt von den persönlichen Vorlieben ab. Für Bubble Teas mit Zutaten, die keine eigene Süße enthalten oder sogar etwas Bitterstoffe beisteuern (wie z. B. Assam- oder Jasmin-Milch-Tee), empfehlen wir 10–30 ml (2 Teelöffel bis 2 Esslöffel) Zuckersirup pro Portion von 500 ml. Wenn für ein Rezept bereits süße Zutaten wie Fruchtpüree verwendet werden, können Sie die Zuckermenge reduzieren oder den Zucker ganz weglassen. Aus diesem Grund raten wir dazu, die Mischung unbedingt vor dem Süßen zu probieren, damit Sie beurteilen können, wie viel Süßungsmittel Sie hinzufügen möchten.

ZUCKERSIRUP

Bereiten Sie nicht zu wenig Zuckersirup zu, denn er wird auch zum Süßen der Tapiokaperlen benötigt. Wenn Sie zu viel Sirup haben – kein Problem! Er hält sich im Kühlschrank mehrere Wochen – mindestens.

ERGIBT 300 ML
– ausreichend für eine Portion Tapioka und ca. 10 Drinks

ZUTATEN:
– 180 ml Wasser
– 340 g Zucker

ZUBEHÖR:
– Waage
– kleiner Topf
– Messbecher (hitzebeständig)
– Trichter
– Flasche mit Schraub- oder Bügelverschluss

Das abgemessene Wasser im Topf zum Kochen bringen. Wenn es sprudelt, den Zucker unter Rühren einrieseln lassen. So lange weiterrühren, bis der Zucker aufgelöst ist. Den Topf vom Herd nehmen und den Zuckersirup mindestens 5 Minuten abkühlen lassen (aber nicht komplett auskühlen lassen). In den Messbecher gießen. Den Sirup weiter abkühlen lassen und in eine Flasche umfüllen. Alternativ direkt aus dem Topf mithilfe des Trichters in die Flasche gießen. Der Sirup kann nun bei Bedarf verwendet werden, um Tapiokaperlen oder Bubble Tea zu süßen.

So geht es auch:

– Weißen Zucker durch Alternativen wie braunen Zucker oder Kokosblütenzucker ersetzen.

– Eine Zimtstange oder ein Stück Sternanis in den Sirup geben, um ihn zu aromatisieren.

2: DIE PERLEN

PERFEKTE TAPIOKA

Auf die Perlen kommt es an, denn mit ihnen steht und fällt der authentische Geschmack von Bubble Tea.

Um perfekte Tapiokaperlen zu kochen, sind zwei Schritte notwendig – und beide sind gleich wichtig! Befolgen Sie das Rezept darum genau. Dies ist ein Rezept für Tapiokaperlen mit einer Gesamtkochzeit von einer Stunde. Bitte prüfen Sie die Packungsanweisungen Ihrer Tapiokaperlen und passen Sie die Zeitangaben bei Bedarf an.

ERGIBT CA. 1,7 KG
– ausreichend für 18 Portionen

ZUTATEN:
– 3 l Wasser
– 1 kg rohe Tapiokaperlen
– 100 g Zucker
– 75–100 ml lösliche Süße
  (Zuckersirup, Seite 9, Agavendicksaft
  oder Zuckerrübensirup)

ZUBEHÖR:
– Waage
– großer Topf
– Metallsieb

Schritt 1

Das abgemessene Wasser bei starker Hitze im Topf zum Kochen bringen. Inzwischen die Tapiokaperlen abwiegen und ins Sieb schütten. Über dem Spülbecken leicht schütteln, um eventuelle kleine Verunreinigungen zu entfernen.

Wenn das Wasser kocht, die Tapiokaperlen langsam zugeben. Etwa 1 Minute rühren, damit sie nicht zusammenkleben oder am Topfboden ansetzen.

Den Deckel auflegen und die Tapiokaperlen 30 Minuten bei schwacher Hitze köcheln. Zwischendurch regelmäßig umrühren, damit die Perlen nicht zusammenkleben, danach den Deckel wieder auflegen. Nach 30 Minuten einen Löffel voll Tapiokaperlen aus dem Topf nehmen und in eine Tasse mit Eiswasser geben. 30 Sekunden abkühlen lassen, dann probieren. Das Innere der Perlen sollte weich sein. Falls es noch fest ist, weitere 5 Minuten köcheln und erneut probieren. Sobald die Perlen innen weich sind, geht es mit Schritt 2 weiter.

Schritt 2

Den Herd auf niedrigste Stufe herunterschalten, damit der Garvorgang nun ganz sanft verläuft. Den Zucker zugeben und umrühren. Abgedeckt bei sehr schwacher Hitze 20–25 Minuten köcheln, dabei regelmäßig umrühren.

Nach 20–25 Minuten einen Löffel voll Tapiokaperlen aus dem Topf nehmen, in einer Tasse mit Eiswasser abkühlen lassen und probieren. Nicht alle Tapiokaprodukte sind gleich, darum sollten Sie unbedingt testen, ob Ihnen die Konsistenz zusagt. Sind die Perlen noch zu fest, weitere 5 Minuten köcheln und erneut probieren. Sie sollten eine weiche, elastische, leicht gummiartige Konsistenz haben.

Die gegarten Tapiokaperlen ins Sieb geben und mit kaltem Wasser abspülen, dabei rütteln oder umrühren. So werden letzte Fremdstoffe entfernt. Die Perlen in eine Schüssel oder ein anderes Gefäß geben und die flüssige Süße unterrühren (wir empfehlen für Bubble Tea den Zuckersirup von Seite 9). Die Menge bestimmen Sie selbst. Die gekochten Tapiokaperlen sollten innerhalb von 4 Stunden verbraucht werden.

KARAMELLISIERTE TAPIOKA

Dies ist eine köstliche Variante mit feinem Karamellaroma und samtiger Konsistenz. Sie wird für warme Zubereitungen verwendet. Viele Varianten sind möglich, hier ist nur ein Vorschlag, der Ihre Kreativität anregen soll. Im ersten Schritt gehen Sie wie auf Seite 11 vor. Der zweite Schritt verläuft anders, und es gibt zusätzlich einen dritten Schritt. Sie brauchen einen elektrischen Suppenwärmer, denn die Perlen müssen auf einer Temperatur von 65 °C gehalten werden.

ERGIBT CA. 1,8 KG
– ausreichend für 18 Portionen

ZUTATEN:
– 1 Portion Tapiokaperlen, gekocht
  gemäß Schritt 1 (Seite 11)
– 1 l kochendes Wasser
– 350 g feiner dunkelbrauner Zucker
– 40 ml (3 EL) Zuckerrübensirup oder
  Melasse

ZUBEHÖR:
– Messbecher
– großer Topf
– Sieb
– elektrischer Suppenwärmer

Schritt 1

Schritt 1 des Kochvorgangs durchführen (Seite 11), dann den Herd abschalten. Die Tapioka im Topf lassen.

Schritt 2

Das abgemessene kochende Wasser in einen Messbecher geben und 100 g braunen Zucker zufügen. Rühren, bis der Zucker aufgelöst ist. Die Zuckerlösung langsam zur Tapioka in den Topf gießen und gut umrühren. Abdecken und 20–25 Minuten köcheln, zwischendurch regelmäßig umrühren.

Inzwischen den Suppenwärmer einschalten. 150 g braunen Zucker in den Suppenwärmer geben und auf hoher Stufe weich werden lassen.

Am Ende der Kochzeit der Tapioka einen Löffel Perlen in kaltem Wasser abkühlen lassen und probieren. Wenn sie schön weich sind, die Perlen im Sieb abgießen, aber nicht abspülen – sie müssen warm bleiben.

Schritt 3

Die heißen Perlen sofort in den Suppenwärmer geben – nicht abkühlen lassen. Mit dem geschmolzenen Zucker verrühren. Die restlichen 100 g Zucker zugeben und nochmals gut umrühren. Zuckerrübensirup ober Melasse zum Aromatisieren zufügen und unterrühren.

Den Deckel des Suppenwärmers schließen und vor dem Servieren 5 Minuten warten. Es ist wichtig, den Suppenwärmer eingeschaltet zu lassen, um die Tapiokaperlen auf etwa 65 °C zu halten.

So geht es auch:

– Tapioka lässt sich auf vielerlei Weise variieren. Experimentieren Sie mit verschiedenen Aromen, Perlen und Texturen.

– Für karamellisierte Tapioka können verschiedene Zuckerarten verwendet werden, etwa auch Honig. Nach dem Kochen können Sie der Tapioka weitere Aromazutaten zusetzen. Probieren Sie es aus!

POPPING BOBA & NATA DE COCO

Neben traditionellen Tapiokaperlen kann man auch andere gelartige Zutaten durch den dicken Trinkhalm saugen, beispielsweise Popping Boba, Nata de Coco und sogar Chiasamen.

Die meisten Rezepte in diesem Buch enthalten Tapioka, einige aber auch Popping Boba oder Nata de Coco.

POPPING BOBA

Anders als Tapioka haben diese Perlen eine dünne, geleeartige Hülle aus Alginat, die mit Fruchtsaft gefüllt ist. Die Hülle platzt bei Druck, also auch, wenn man auf sie beißt. Diese Perlen sind ebenfalls vegan.

NATA DE COCO

Dieses transparente Gel wird aus fermentiertem Kokoswasser hergestellt. Aromatisierte Sorten werden gern für Bubble Tea verwendet. Auch Nata de Coco ist vegan.

3: DIE TEEBASIS

Die wichtigste Grundkomponente von Bubble Tea ist die Teebasis. Dafür eignen sich viele verschiedene Teesorten.

Für die Rezepte in diesem Buch werden hauptsächlich Assam- und Jasmintee verwendet. Assamtee muss stärker aufgebrüht werden. Wir empfehlen, ihn zwei- bis dreimal länger als auf der Packungsaufschrift ziehen zu lassen, damit das Aroma gut zur Geltung kommt. Bei Jasmintee sollten Sie die angegebene Ziehzeit allerdings einhalten, sonst wird er zu bitter.

Kochen Sie am besten gleich eine größere Menge Tee, damit Sie mehrere Drinks damit zubereiten können.

Tipps:

– Wenn Sie den Tee nicht sofort verwenden, füllen Sie ihn in eine vorgewärmte Thermoskanne. Er muss warm zum Bubble Tea gegeben werden. Assam- und Jasmintee nicht länger als zwei Stunden in der Thermoskanne aufbewahren, weil sich danach der Geschmack verändert.

– Das Wasser zum Aufbrühen von Jasmintee sollte eine Temperatur von 70–75 °C haben. Ist das Wasser heißer, wird er schnell bitter.

– Verwenden Sie zum Abgießen ein sehr feines Teesieb. Es muss Sediment, das den Tee bitter machen kann, vollständig zurückhalten.

– Lassen Sie Jasmintee nicht zu lange ziehen. Probieren Sie lieber zwischendurch, ob der Geschmack Ihnen schon zusagt.

– Assamtee muss einen kräftigen Geschmack haben, damit er sich gegenüber der Milch behaupten kann und dem Drink ein volles Aroma gibt.

– Probieren Sie auch andere Teebasen, beispielsweise Oolong, Earl Grey oder Kamille.

– Für eine einzelne Portion können Sie einfach einen Teebeutel und Wasser aus dem Teekessel verwenden.

4: DAS TOPPING

Hinweis: Wer zum ersten Mal Bubble Tea zubereitet, sollte das Topping weglassen und sich zunächst mit der Grundzubereitung und einigen einfachen Geschmackskompositionen vertraut machen.

Beim Bubble Tea geht es nicht nur um die Perlen. Optisch und geschmacklich reizvoll sind auch die Toppings, die sich vielfach variieren lassen. Da kann man sich kaum entscheiden, ob man zuerst die Perlen aufsaugen und kauen oder lieber das Topping und die Teebasis genießen möchte.

Sahne-
häubchen

In diesem Buch verwenden wir meist ein Topping mit Frischkäse und Salz, Sie können aber auch andere Varianten erfinden. Uns liegt viel daran, Sie zum Experimentieren anzuregen. Nutzen Sie Ihre Fantasie und kreieren Sie ganz neue Toppingideen und Mischungen.

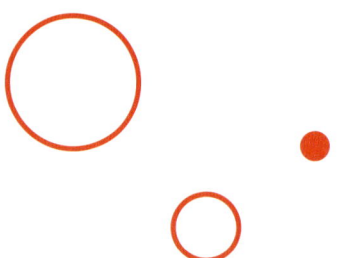

ERGIBT 750 ML
– ausreichend für 10 Portionen

ZUTATEN:
– 1 EL Frischkäse
– 1 Prise rosa Himalayasalz
– 300 g Sahne mit hohem Fettgehalt
– 300 ml Biovollmilch + 1 Schuss

ZUBEHÖR:
– hoher Rührbecher
– elektrischer Handmixer
– schmaler Gummispatel

Den Frischkäse mit dem Himalayasalz und einem kleinen Schuss Milch in den Rührbecher geben. Anschließend mit dem elektrischen Handmixer ganz glatt verrühren.

Die Sahne zugießen und steif schlagen.

Langsam die Milch zugießen und mit dem Spatel unterrühren. Keinesfalls die Milch in einem Schwall zugeben. Die Mischung soll locker und schaumig bleiben. Diese zart gesalzene Creme kann nun als Topping auf den Bubble Tea gesetzt werden.

So geht es auch:

– Verfeinern Sie die Frischkäsecreme mit weiteren Aromazutaten.

– Sie können die Toppings mit flüssigen Lebensmittelfarben eintönen oder, nachdem sie auf den Bubble Tea gesetzt sind, mit weiteren Zutaten bestreuen.

– Wer in Schlemmerlaune ist, setzt statt der Frischkäsecreme eine Kugel Speiseeis auf den Bubble Tea.

SO KOMMT ALLES ZUSAMMEN

Nachdem Sie wissen, wie Sie Tapioka-perlen kochen, die Teebasis aufbrühen und die Toppings zubereiten, können Ihre Bubble-Tea-Experimente beginnen.

Grundsätzlich gibt man zuerst die Perlen ins Glas und übergießt sie mit der (aro-matisierten) Teebasis. Je nach Typ des Getränks kann dann noch ein Topping oder Häubchen zugegeben werden.

Auf den folgenden Seiten finden Sie Rezepte mit Früchtetee, exotische Kombinationen und sogar alkoholische Variationen. Unserer Meinung nach gibt es für Bubble Tea kein Universalrezept. Sie mixen – Sie entscheiden, wie Sie Ihre Drinks komponieren. Scheuen Sie sich nicht, eigene Geschmackskombinationen auszuprobieren und die Rezepte in diesem Buch abzuwandeln!

BEVOR SIE BEGINNEN

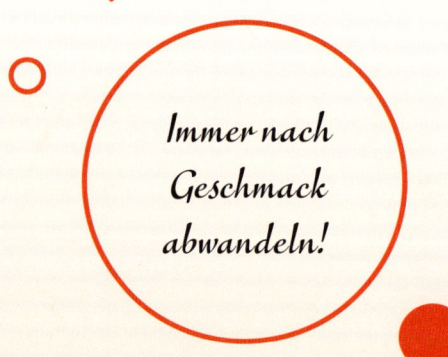

Immer nach Geschmack abwandeln!

Wer keinen Bubble Tea kennt, ist mit manchen Inhaltsstoffen und Vorgehens-weisen vielleicht nicht vertraut. Deshalb haben wir uns bemüht, die Zutaten und Grundrezepte möglichst stark zu verein-fachen. Jede Geschmackszutat (z.B. Trockenfrüchte oder trockene Zutaten) hat eine andere Intensität, Süße und Viskosi-tät. Darum empfehlen wir, dass Sie sich zunächst an den Dosierungsangaben auf der Packung orientieren. Wenn Sie die Intensität verändern möchten, erhöhen oder verringern Sie einfach die Menge der jeweiligen Zutat. Die Süße lässt sich mit flüssigen Süßungsmitteln recht leicht nach eigenem Geschmack variieren. Der Bubble Tea soll Ihnen schmecken, darum gibt es nur eine richtige Art, ihn zuzubereiten: nach Ihrem Geschmack.

MILCH & CO.

Bei Zubereitungen mit Milch können Sie alternativ pflanzliche Drinks verwenden, allerdings kann sich dadurch der Geschmack verändern. Wir bei Bubbleology sind große Fans von pflanzlichen Milchalternativen. Vielen schmecken Hafer-, Soja- oder Mandeldrink mittlerweile sogar besser als Kuhmilch, in dem Fall spricht erst recht nichts gegen deren Verwendung.

Für viele Rezepte in diesem Buch wird Vollmilch verwendet. Das sollten Sie bedenken, wenn Sie auf Alternativen ausweichen möchten. Magermilch können wir nicht empfehlen, denn sie bewirkt, dass die Drinks wässrig werden.

MENGEN & SHAKER

Für die Drinks in diesem Buch wird ein Shaker mit 500 ml Volumen verwendet. Bitte halten Sie diese Größe ein, denn alle Zutaten und Anweisungen sind darauf abgestimmt.

Wie viel Tee oder andere Flüssigkeit Sie benötigen, hängt davon ab, wie groß Ihre Eiswürfel sind und welche Zutaten Sie ansonsten verwenden. Damit es nicht zu kompliziert wird, haben wir in solchen Fällen statt genauer Mengen einfach »zum Auffüllen« angegeben.

Das bedeutet: Sie geben zuerst alle anderen Zutaten in den 500-ml-Shaker und füllen ihn dann bis zum Rand mit der jeweiligen Flüssigkeit auf. So erhalten Sie die Standardmenge.

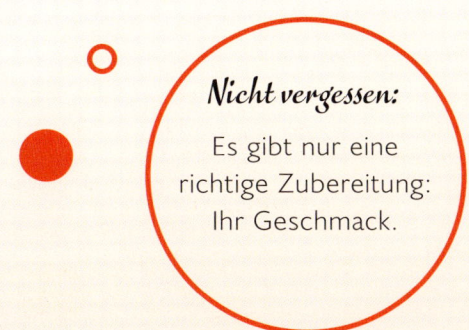

Nicht vergessen:

Es gibt nur eine richtige Zubereitung: Ihr Geschmack.

KALTER BUBBLE TEA

Meist wird Bubble Tea kalt genossen, sogar im Winter.
In diesem Kapitel finden Sie eine Auswahl einfacher kalter Bubble Teas,
die Sie zu Hause ausprobieren können. An diesen Rezepten können Sie die
Zubereitung von Bubble Tea gut lernen. Grundsätzlich wird der Shaker bis
zum Rand mit Eiswürfeln gefüllt. Wenn Sie lieber weniger Eis mögen, verwenden Sie einfach mehr von Ihrer Getränkebasis.

ASSAM-MILCHTEE

ZUTATEN:
- 100 ml Biovollmilch (oder Milch bzw. Pflanzendrink nach Wahl, siehe Seite 21)
- Eiswürfel
- frisch aufgebrühter Assamtee (Seite 17) zum Auffüllen
- etwa 20 ml (4 TL) lösliche Süße, z.B. Agavendicksaft, Zuckerrüben-sirup oder Zuckersirup (Seite 9), oder nach Geschmack
- 1 Siebkelle Tapiokaperlen (Seite 10) oder karamellisierte Tapiokaperlen (Seite 12)

ZUBEHÖR:
- Cocktailshaker, 500 ml
- Glas zum Servieren, 500 ml
- Siebkelle
- Trinkhalm mit großem Durchmesser

Die kalte Milch in den Shaker geben. Den Shaker mit Eiswürfeln füllen und mit frisch aufgebrühtem Assamtee bis fast an den Rand des Shakers auffüllen. Den Deckel fest schließen und einige Sekunden schüt-teln. Probieren, nach Geschmack süßen und noch einmal schütteln.

Tapiokaperlen nach Wahl in das Servier-glas geben und mit dem Inhalt des Shakers übergießen. Sofort servieren.

So geht es auch:

Probieren Sie auch andere Schwarztee-sorten, z.B. Oolong oder Earl Grey.

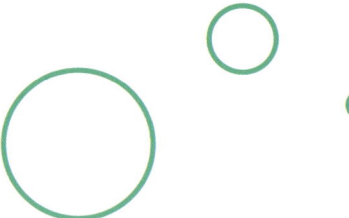

MILCHTEE MIT TARO

ZUTATEN:
– frisch aufgebrühter Jasmintee
  (Seite 17) zum Auffüllen
– 100 % Taropulver (Menge gemäß
  Packungsangabe oder nach
  Geschmack)
– 100 ml Biovollmilch (oder Pflanzendrink nach Wahl, siehe Seite 21)
– Eiswürfel
– etwa 20 ml (4 TL) lösliche Süße,
  z. B. Agavendicksaft, Zuckerrübensirup oder Zuckersirup (Seite 9), oder
  nach Geschmack
– etwa 1 Siebkelle Tapioka (Seite 10)
  oder karamellisierte Tapioka (Seite 12)

ZUBEHÖR:
– Mixer
– Cocktailshaker, 500 ml
– Glas zum Servieren, 500 ml
– Siebkelle
– Trinkhalm mit großem Durchmesser

80 ml frisch aufgebrühten Jasmintee in den Mixer geben. Taropulver und Milch zufügen und alles gründlich verrühren.

Den Shaker mit Eiswürfeln füllen und die Taromischung zugießen. Mit Jasmintee bis fast an den Rand des Shakers auffüllen. Den Deckel schließen und einige Sekunden schütteln. Probieren, nach Geschmack süßen und noch einmal schütteln.

Tapiokaperlen nach eigener Wahl in das Servierglas füllen und mit dem Inhalt des Shakers übergießen. Sofort servieren.

So geht es auch:

Am einfachsten ist die Zubereitung mit reinem Taropulver in Bioqualität. Wer verwegener ist, kann auch frisch gekochten Taro oder vorgegarten Taro aus der Konserve verwenden.

JASMIN-MILCHTEE

ZUTATEN:
- 100 ml Biovollmilch (oder Pflanzen-drink nach Wahl, siehe Seite 21)
- Eiswürfel
- frisch aufgebrühter Jasmintee (Seite 17) zum Auffüllen
- etwa 20 ml (4 TL) lösliche Süße, z. B. Agavendicksaft, Zuckerrüben-sirup oder Zuckersirup (Seite 9), oder nach Geschmack
- etwa 1 Siebkelle Tapioka (Seite 10) oder karamellisierte Tapioka (Seite 12)

ZUBEHÖR:
- Cocktailshaker, 500 ml
- Glas zum Servieren, 500 ml
- Siebkelle
- Trinkhalm mit großem Durchmesser

Die Milch in den Shaker geben. Den Shaker mit Eiswürfeln füllen und mit frisch aufge-brühtem Jasmintee bis fast an den Rand des Shakers auffüllen. Den Deckel schlie-ßen und einige Sekunden schütteln. Pro-bieren, nach Geschmack süßen und noch einmal schütteln.

Tapiokaperlen nach eigener Wahl in das Servierglas füllen und mit dem Inhalt des Shakers übergießen. Sofort servieren.

So geht es auch:

Sie können auch Grüntee ohne oder mit anderen Aromen oder Kräutertee, z. B. Kamille, verwenden.

MATCHA-MILCHTEE

ZUTATEN:
– frisch aufgebrühter Jasmintee
(Seite 17) zum Auffüllen
– ½ TL Matchapulver (siehe Tipp)
– 100 ml Biovollmilch (oder Pflanzendrink nach Wahl, siehe Seite 21)
– Eiswürfel
– etwa 30 ml (2 EL) lösliche Süße,
z. B. Agavendicksaft, Zuckerrübensirup oder Zuckersirup (Seite 9), oder
nach Geschmack
– etwa 1 Siebkelle Tapioka (Seite 10)
oder karamellisierte Tapioka (Seite 12)

ZUBEHÖR:
– Mixer
– Cocktailshaker, 500 ml
– Glas zum Servieren, 500 ml
– Siebkelle
– Trinkhalm mit großem Durchmesser

80 ml Jasmintee in den Mixer geben.
Matcha und Milch zufügen und verrühren.

Den Shaker mit Eiswürfeln füllen. Die Matchamischung zugießen. Mit Jasmintee bis
fast an den Rand des Shakers auffüllen.
Den Deckel schließen und einige Sekunden schütteln. Probieren, nach Geschmack
süßen und noch einmal schütteln.

Tapiokaperlen nach eigener Wahl in das
Servierglas füllen und mit dem Inhalt des
Shakers übergießen. Sofort servieren.

Tipp
Beachten Sie beim
Dosieren des Matchas
die Packungsangabe.
Sie brauchen nur eine
kleine Menge.

KOKOS-MILCHTEE

ZUTATEN:

– frisch aufgebrühter Jasmintee
  (Seite 17) zum Auffüllen
– Kokosmilchpulver (Menge laut
  Packungsangabe oder nach
  Geschmack)
– 100 ml Biovollmilch (oder Pflanzendrink nach Wahl, siehe Seite 21)
– Eiswürfel
– etwa 20 ml (4 TL) lösliche Süße,
  z. B. Agavendicksaft, Zuckerrübensirup
  oder Zuckersirup (Seite 9), oder nach
  Geschmack
– etwa 1 Siebkelle Tapioka (Seite 10)
  oder karamellisierte Tapioka (Seite 12)

ZUBEHÖR:

– Mixer
– Cocktailshaker, 500 ml
– Glas zum Servieren, 500 ml
– Siebkelle
– Trinkhalm mit großem Durchmesser

80 ml frisch aufgebrühten Jasmintee in den Mixer gießen. Kokosmilchpulver und Milch zufügen und gründlich verrühren.

Den Shaker mit Eiswürfeln füllen und die Kokosmischung zugießen. Mit Jasmintee bis fast an den Rand des Shakers auffüllen. Den Deckel schließen und einige Sekunden schütteln. Probieren, nach Geschmack süßen und noch einmal schütteln.

Tapiokaperlen nach eigener Wahl in das Servierglas füllen und mit dem Inhalt des Shakers übergießen. Sofort servieren.

So geht es auch:

Statt Milch und Kokosmilchpulver können Sie für dieses Rezept auch einfach 100 ml Kokosmilch verwenden.

MARACUJA-TEE

ZUTATEN:
- frisch aufgebrühter Jasmintee (Seite 17) zum Auffüllen
- Mark von 2 frischen Maracujas (Passionsfrüchte) oder 3 EL fertiges Maracujapüree
- Eiswürfel
- etwa 30 ml (2 EL) lösliche Süße, z. B. Agavendicksaft, Zuckerrübensirup oder Zuckersirup (Seite 9), oder nach Geschmack
- etwa 1 Siebkelle Tapioka (Seite 10), Nata de Coco oder Popping Boba

ZUBEHÖR:
- Mixer
- Cocktailshaker, 500 ml
- Glas zum Servieren, 500 ml
- Siebkelle
- Trinkhalm mit großem Durchmesser

200 ml frisch aufgebrühten Jasmintee in den Mixer gießen. Maracujamark oder -püree zugeben und alles fein pürieren.

Den Shaker mit Eiswürfeln füllen und die Maracujamischung zugießen. Mit Jasmintee bis fast an den Rand des Shakers auffüllen. Den Deckel schließen und einige Sekunden schütteln. Probieren, nach Geschmack süßen und noch einmal schütteln.

Gegarte Tapiokaperlen, Nata de Coco oder Popping Boba in das Servierglas füllen und mit dem Inhalt des Shakers übergießen. Sofort servieren.

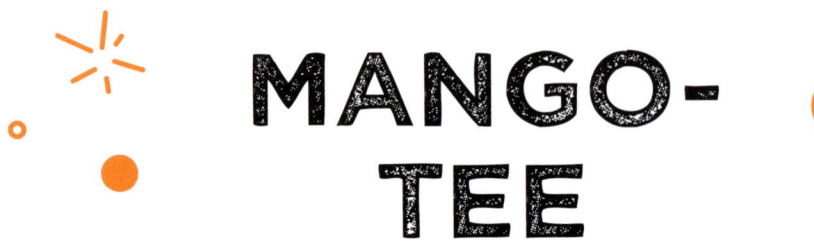

MANGO-TEE

ZUTATEN:
- frisch aufgebrühter Jasmintee (Seite 17) zum Auffüllen
- 1 Handvoll Mangowürfel oder fertiges Mangopüree
- Eiswürfel
- etwa 20 ml (4 TL) lösliche Süße, z. B. Agavendicksaft, Zuckerrübensirup oder Zuckersirup (Seite 9), oder nach Geschmack
- etwa 1 Siebkelle Tapioka (Seite 10), Nata de Coco oder Popping Boba

ZUBEHÖR:
- Mixer
- Cocktailshaker, 500 ml
- Glas zum Servieren, 500 ml
- Siebkelle
- Trinkhalm mit großem Durchmesser

200 ml frisch aufgebrühten Jasmintee in den Mixer gießen. Mangowürfel oder Mangopüree zufügen und alles glatt pürieren beziehungsweise verquirlen.

Den Shaker mit Eiswürfeln füllen und die Mangomischung zugießen. Mit Jasmintee bis fast an den Rand des Shakers auffüllen. Den Deckel schließen und einige Sekunden schütteln. Probieren, nach Geschmack süßen und noch einmal schütteln.

Gekochte Tapiokaperlen, Nata de Coco oder Popping Boba in das Servierglas füllen und mit dem Inhalt des Shakers übergießen. Sofort servieren.

ERDBEER-TEE

ZUTATEN:
– frisch aufgebrühter Jasmintee
  (Seite 17) zum Auffüllen
– 1 Handvoll frische Erdbeeren
  oder fertiges Erdbeerpüree
– Eiswürfel
– etwa 20 ml (4 TL) lösliche Süße,
  z. B. Agavendicksaft, Zuckerrübensirup oder Zuckersirup (Seite 9), oder
  nach Geschmack
– etwa 1 Siebkelle Tapioka (Seite 10),
  Nata de Coco oder Popping Boba

ZUBEHÖR:
– Mixer
– Cocktailshaker, 500 ml
– Glas zum Servieren, 500 ml
– Siebkelle
– Trinkhalm mit großem Durchmesser

200 ml frisch aufgebrühten Jasmintee in den Mixer gießen. Erdbeeren oder Erdbeerpüree zufügen und alles glatt pürieren beziehungsweise verquirlen.

Den Shaker mit Eiswürfeln füllen und die Erdbeermischung zugießen. Mit Jasmintee bis fast an den Rand des Shakers auffüllen. Den Deckel schließen und einige Sekunden schütteln. Probieren und nach Geschmack süßen, dann nochmals schütteln.

Gekochte Tapiokaperlen, Nata de Coco oder Popping Boba in das Servierglas füllen und mit dem Inhalt des Shakers übergießen. Sofort servieren.

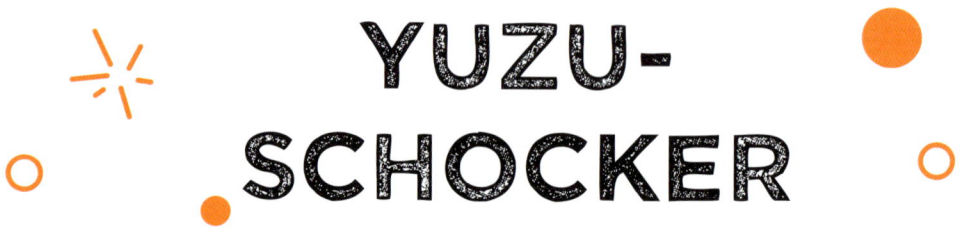

YUZU-SCHOCKER

ZUTATEN:
- reines Yuzupüree (Internethandel), Menge nach Geschmack
- etwa 1 Siebkelle Tapioka (Seite 10), Nata de Coco oder Popping Boba
- 50 ml frisch aufgebrühter Jasmintee (Seite 17)
- Zitronenlimonade zum Auffüllen
- flüssige blaue Lebensmittelfarbe (Dosierung gemäß Packungsaufschrift)

ZUBEHÖR:
- Glas zum Servieren, 500 ml
- Siebkelle
- Trinkhalm mit großem Durchmesser

Dieser Drink sieht raffiniert aus, ist aber ganz einfach zuzubereiten. Zuerst 2–3 cm hoch Yuzupüree ins Glas geben. Darauf folgt eine Schicht Tapiokaperlen, Nata de Coco oder Popping Boba, dann wird das Glas mit Eiswürfeln aufgefüllt.

Den frisch aufgebrühten Jasmintee langsam zugießen und das Glas mit Limonade auffüllen. Für die knallige Farbe einige Topfen blaue Lebensmittelfarbe zufügen.

Tipp

Vor dem Genießen mit dem Trinkhalm umrühren, damit sich der Yuzugeschmack gut verteilt.

WÜRZIGER CHAI

ZUTATEN:
- Eiswürfel
- 100 ml Biovollmilch (oder Pflanzen-drink nach Wahl, siehe Seite 21)
- frisch aufgebrühter Chai (Gewürztee) zum Auffüllen
- etwa 20 ml (4 TL) lösliche Süße, z. B. Agavendicksaft, Zuckerrüben-sirup oder Zuckersirup (Seite 9), oder nach Geschmack
- etwa 1 Siebkelle Tapioka (Seite 10) oder karamellisierte Tapioka
- 1 Zimtstange
- 2 Sternanise

ZUBEHÖR:
- Cocktailshaker, 500 ml
- Glas zum Servieren, 500 ml
- Siebkelle
- Trinkhalm mit großem Durchmesser

Den Shaker bis zum Rand mit Eiswürfeln füllen, dann die Milch zugießen. Mit frisch aufgebrühtem Chai bis fast an den Rand des Shakers auffüllen. Den Deckel schlie-ßen und einige Sekunden schütteln. Pro-bieren, nach Geschmack süßen und noch einmal schütteln.

Tapiokaperlen nach eigener Wahl in das Servierglas füllen, Zimtstange und Stern-anis untermischen. Mit der Teemischung übergießen und sofort servieren.

ERDBEER-FIZZ MIT MINZE

ZUTATEN:

- 1 Handvoll Erdbeeren oder fertiges Erdbeerpüree
- 100 ml frisch aufgebrühter Jasmintee (Seite 17)
- frische Minzeblätter (einige zum Garnieren aufbewahren)
- Eiswürfel
- etwa 20 ml (4 TL) lösliche Süße, z. B. Agavendicksaft, Zuckerrübensirup oder Zuckersirup (Seite 9), oder nach Geschmack
- etwa 1 Siebkelle Tapioka (Seite 10), Nata de Coco oder Popping Boba
- Zitronenlimonade zum Auffüllen

ZUBEHÖR:

- Mixer
- Cocktailshaker, 500 ml
- Cocktailstampfer
- Glas zum Servieren, 500 ml
- Siebkelle
- Trinkhalm mit großem Durchmesser

Erdbeeren oder Erdbeerpüree mit dem frisch aufgebrühten Jasmintee im Mixer glatt pürieren beziehungsweise verquirlen.

Die Minzeblätter in den Shaker geben und mit dem Cocktailstampfer zerdrücken. Den Shaker bis an den Rand mit Eiswürfeln füllen und die Erdbeermischung zugießen. Den Deckel schließen und einige Sekunden schütteln. (Der Shaker ist nicht so voll wie sonst, aber das ist beabsichtigt.) Probieren, nach Geschmack süßen und noch einmal schütteln.

Tapiokaperlen, Nata de Coco oder Popping Boba in das Servierglas füllen und mit dem Inhalt des Shakers übergießen. Mit Limonade auffüllen und mit frischen Minzeblättern garnieren.

So geht es auch:

Verwenden Sie statt Zitronenlimonade ein anderes Erfrischungsgetränk mit Kohlensäure.

KARAMELL-FRAPPÉ

ZUTATEN:
- 100 ml frisch aufgebrühter schwarzer Kaffee
- 1 Schuss Karamellsirup (Dosierung gemäß Packungsaufschrift oder nach Geschmack)
- Eiswürfel
- Biovollmilch (oder Pflanzendrink nach Wahl, siehe Seite 21) zum Auffüllen
- etwa 20 ml (4 TL) lösliche Süße, z. B. Agavendicksaft, Zuckerrüben-sirup oder Zuckersirup (Seite 9), oder nach Geschmack
- etwa 1 Siebkelle Tapioka (Seite 10), karamellisierte Tapioka (Seite 12) oder Nata de Coco mit Kaffeegeschmack
- Schlagsahne und Karamellsauce zum Garnieren

ZUBEHÖR:
- Cocktailshaker, 500 ml
- Glas zum Servieren, 500 ml
- Siebkelle
- Trinkhalm mit großem Durchmesser

Den frisch aufgebrühten Kaffee mit dem Karamellsirup in den Shaker geben. Den Shaker mit Eiswürfeln füllen, dann bis fast an den Rand mit Milch auffüllen. Den Deckel schließen und einige Sekunden schütteln. Probieren, nach Geschmack süßen und noch einmal schütteln.

Tapiokaperlen nach eigener Wahl oder Nata de Coco in das Glas geben und mit dem Inhalt des Shakers übergießen. Ein Sahnehäubchen daraufsetzen und mit Karamellsauce beträufeln. Dieser Drink macht hellwach!

ANANASTEE MIT KEFIR

ZUTATEN:
– 50 ml Kefir
– 120 ml Ananassaft
– Eiswürfel
– frisch aufgebrühter Jasmintee
  (Seite 17) zum Auffüllen
– etwa 1 Siebkelle Tapioka (Seite 10)
  oder karamellisierte Tapioka (Seite 12)
– 1 Scheibe frische Ananas zum
  Servieren

ZUBEHÖR:
– Cocktailshaker, 500 ml
– Glas zum Servieren, 500 ml
– Siebkelle
– Trinkhalm mit großem Durchmesser

Kefir und Ananassaft in den Shaker geben. Den Shaker mit Eiswürfeln füllen, dann mit frisch aufgebrühtem Jasmintee fast bis an den Rand auffüllen. Den Deckel schließen und einige Sekunden schütteln.

Tapiokaperlen nach eigener Wahl ins Servierglas geben und mit der Kefir-Saft-Mischung übergießen. Die Ananasscheibe auf den Glasrand stecken und servieren.

Kefir

Kefir ist ein traditionelles Getränk, das durch Fermentierung von Kuh- oder Ziegenmilch hergestellt wird. Er ist ausgesprochen nahrhaft.

JASMIN-MILCHTEE
MIT KARAMELLISIERTER TAPIOKA

ZUTATEN:
- 100 ml Biovollmilch (oder Pflanzen-drink nach Wahl, siehe Seite 21)
- Eiswürfel
- frisch aufgebrühter Jasmintee (siehe Seite 17) zum Auffüllen
- etwa 15 ml (1 EL) lösliche Süße, z. B. Agavendicksaft, Zuckerrüben-sirup oder Zuckersirup (Seite 9), oder nach Geschmack
- etwa 1 Siebkelle karamellisierte Tapioka (Seite 12) plus Sauce

ZUBEHÖR:
- Cocktailshaker, 500 ml
- Glas zum Servieren, 500 ml
- Siebkelle
- Trinkhalm mit großem Durchmesser

Die Milch in den Shaker geben. Den Shaker mit Eiswürfeln füllen und mit frisch aufge-brühtem Jasmintee bis fast an den Rand des Shakers auffüllen. Den Deckel schlie-ßen und einige Sekunden schütteln. Pro-bieren, nach Geschmack süßen und noch einmal schütteln.

Die warmen karamellisierten Tapioka-perlen ins Servierglas geben. Mit einem Löffel etwas von der Karamellsauce aus dem Suppenwärmer entnehmen und innen die Glaswand hinablaufen lassen. Das ergibt einen interessanten Streifeneffekt. Dann langsam den Inhalt des Shakers ins Glas gießen und sofort servieren.

Wichtig!

Die karamellisierten Tapiokaperlen sollten im Suppenwärmer warm gehalten werden. Der Reiz dieses Drinks liegt in der Mischung aus warmen und kalten Zutaten.

HEISSE MILCHDRINKS

Heißer Bubble Tea ist ebenso köstlich wie kalter.
In diesem Kapitel finden Sie Rezepte, die an frostigen
Wintertagen schön durchwärmen.

HEISSER INGWER-MILCHTEE

ZUTATEN:

- Biovollmilch (oder Pflanzendrink nach Wahl, siehe Seite 21) zum Auffüllen
- 100 ml frisch aufgebrühter Assamtee (siehe Seite 17)
- Ingwersirup (Menge gemäß Packungsaufschrift oder nach Geschmack)
- etwa 30 ml (2 EL) lösliche Süße, z. B. Agavendicksaft, Zuckerrübensirup oder Zuckersirup (Seite 9), oder nach Geschmack
- etwa 1 Siebkelle Tapioka (Seite 10) oder karamellisierte Tapioka (Seite 12)

ZUBEHÖR:

- kleiner Topf
- Cocktailshaker, 500 ml
- Löffel
- Glas zum Servieren, 500 ml
- Siebkelle
- Trinkhalm mit großem Durchmesser

Die Milch in einem kleinen Topf auf mittlerer Stufe erhitzen, aber nicht kochen.

Assamtee und Ingwersirup in den Shaker geben und mit dem Löffel umrühren. Langsam mit der heißen Milch bis fast an den Rand des Shakers auffüllen, dabei ständig rühren (heißen Tee nicht schütteln). Probieren, nach Geschmack süßen und nochmals umrühren.

Tapiokaperlen nach eigener Wahl ins Servierglas geben, mit dem heißen Milchtee übergießen und sofort servieren.

So geht es auch:

Setzen Sie ein Sahnehäubchen darauf und garnieren Sie es mit einem kleinen Gewürzkeks.

HEISSER SCHOKO-MILCHTEE

ZUTATEN:

- Biovollmilch (oder Pflanzendrink nach Wahl, siehe Seite 21) zum Auffüllen
- 60 ml (4 EL) frisch aufgebrühter Jasmintee (siehe Seite 17)
- 2 TL Kakaopulver oder nach Geschmack plus etwas zum Garnieren
- etwa 20 ml (4 TL) lösliche Süße, z. B. Agavendicksaft, Zuckerrübensirup oder Zuckersirup (Seite 9), oder nach Geschmack
- etwa 1 Siebkelle Tapioka (Seite 10) oder karamellisierte Tapioka (Seite 12)

ZUBEHÖR:

- kleiner Topf
- Cocktailshaker, 500 ml
- Schneebesen
- Glas zum Servieren, 500 ml
- Siebkelle
- Trinkhalm mit großem Durchmesser

Die Milch in einem kleinen Topf auf mittlerer Stufe erhitzen, aber nicht kochen.

Den frisch aufgebrühten Jasmintee und das Kakaopulver in den Shaker geben. Mit einem Schneebesen glatt verrühren. Langsam mit der heißen Milch bis fast an den Rand des Shakers auffüllen, dabei ständig rühren (heißen Tee nicht schütteln). Probieren und nach Geschmack süßen, dann nochmals umrühren.

Tapiokaperlen nach eigener Wahl ins Servierglas geben und mit dem Inhalt des Shakers übergießen. Mit Kakaopulver bestäuben und sofort servieren.

So geht es auch:

- Geben Sie etwas Minze- oder Orangenaroma dazu.

- Setzen Sie ein Sahnehäubchen darauf und bestäuben Sie es mit Kakaopulver.

HEISSER MATCHA LATTE

ZUTATEN:

– Biovollmilch (oder Pflanzendrink nach
  Wahl, siehe Seite 21) zum Auffüllen
– ½ TL Matchapulver plus etwas mehr
  zum Bestäuben
– 50 ml warmes Wasser
– etwa 1 Siebkelle Tapioka (Seite 10)
  oder karamellisierte Tapioka (Seite 12)
– etwa 40 ml (3 EL) lösliche Süße,
  z. B. Agavendicksaft, Zuckerrübensirup oder Zuckersirup (Seite 9), oder
  nach Geschmack

ZUBEHÖR:

– kleiner Topf
– Matcha-Schale
– Matcha-Besen (siehe Foto)
– Glas zum Servieren, 500 ml
– Siebkelle
– Trinkhalm mit großem Durchmesser

Die Milch in einem kleinen Topf auf mittlerer Stufe erhitzen, aber nicht kochen.

Matcha in die Schale geben, das warme Wasser zufügen und mit dem Matcha-Besen glatt rühren.

Tapiokaperlen nach eigener Wahl ins Servierglas geben, dann bis fast an den Rand mit heißer Milch auffüllen. Die Matcha-Mischung vorsichtig zugießen, sodass sie langsam in die warme Milch sickert. Probieren und nach Geschmack süßen, dann vorsichtig umrühren. Mit etwas Matcha bestäuben und sofort servieren.

HEISSER ASSAM BUBBLE

ZUTATEN:
- Biovollmilch (oder Pflanzendrink nach Wahl, siehe Seite 21) zum Auffüllen
- 180 ml frisch aufgebrühter Assamtee (siehe Seite 17)
- etwa 20 ml (4 TL) lösliche Süße, z. B. Agavendicksaft, Zuckerrübensirup oder Zuckersirup (Seite 9), oder nach Geschmack
- etwa 1 Siebkelle Tapioka (Seite 10) oder karamellisierte Tapioka (Seite 12)

ZUBEHÖR:
- kleiner Topf
- Cocktailshaker, 500 ml
- Löffel
- Glas zum Servieren, 500 ml
- Siebkelle
- Trinkhalm mit großem Durchmesser

Die Milch in einem kleinen Topf auf mittlerer Stufe erhitzen, aber nicht kochen.

Den frisch aufgebrühten Assamtee in den Shaker geben. Langsam mit der heißen Milch bis fast an den Rand des Shakers auffüllen. Umrühren (heißen Tee nicht schütteln). Probieren und nach Geschmack süßen, dann nochmals umrühren.

Tapiokaperlen nach eigener Wahl ins Servierglas geben und mit der Teemischung übergießen. Sofort servieren.

So geht es auch:

Dieser Drink schmeckt auch mit Oolong oder anderen Teesorten köstlich.

HEISSER VANILLE-CHAI

ZUTATEN:

– 100 ml Biovollmilch (oder Pflanzen-drink nach Wahl, siehe Seite 21)
– einige Tropfen Vanilleextrakt (Dosie-rung nach Packungsaufschrift)
– frisch aufgebrühter Chai (Gewürztee) zum Auffüllen
– etwa 30 ml (2 EL) lösliche Süße, z. B. Agavendicksaft, Zuckerrüben-sirup oder Zuckersirup (Seite 9), oder nach Geschmack
– etwa 1 Siebkelle Tapioka (Seite 10) oder karamellisierte Tapioka (Seite 12)
– 3 Kardamomkapseln, leicht zerdrückt
– gemahlener Zimt zum Garnieren

ZUBEHÖR:

– kleiner Topf
– Cocktailshaker, 500 ml
– Löffel
– Glas zum Servieren, 500 ml
– Siebkelle
– Trinkhalm mit großem Durchmesser

Die Milch in einem kleinen Topf auf mittle-rer Stufe erhitzen, aber nicht kochen.

Heiße Milch und Vanilleextrakt in den Shaker geben und mit dem Löffel umrüh-ren. Langsam mit heißem Chai bis fast an den Rand des Shakers auffüllen. Umrühren (heißen Tee nicht schütteln). Probieren und nach Geschmack süßen, dann noch-mals umrühren.

Tapiokaperlen nach eigener Wahl ins Ser-vierglas geben, die Kardamomkapseln zufügen, dann mit dem heißen Vanille-Chai übergießen. Mit Zimt bestäuben und sofort servieren. Dies ist ein wundervolles Getränk für kalte Tage!

GEEISTE SLUSHS & CREME-TOPPINGS

Diese eiskalten Smoothies sind an heißen Sommertagen herrlich erfrischend. Das Geheimnis ihrer Konsistenz ist Xanthan, ein pflanzliches Verdickungsmittel, das nebenbei die Phasentrennung hemmt. In diesem Kapitel finden Sie auch einige Rezepte für Bubble Tea mit cremigen Toppings.

MANGO-SLUSH

ZUTATEN:
- 1 Handvoll frische Mangowürfel oder fertiges Mangopüree
- 100 ml frisch aufgebrühter Jasmintee (siehe Seite 17)
- ¼ TL Xanthan
- Eiswürfel
- etwa 20 ml (4 TL) lösliche Süße, z. B. Agavendicksaft, Zuckerrüben-sirup oder Zuckersirup (Seite 9), oder nach Geschmack
- etwa 1 Siebkelle Tapioka (Seite 10), Nata de Coco oder Popping Boba

ZUBEHÖR:
- Mixer
- Cocktailshaker, 500 ml
- Glas zum Servieren, 500 ml
- Siebkelle
- Trinkhalm mit großem Durchmesser

Mangowürfel oder Mangopüree mit frisch aufgebrühtem Jasmintee und Xanthan im Mixer glatt pürieren beziehungsweise ver-quirlen.

Eine Shakerfüllung Eiswürfel zugeben und mixen, bis der Slush die ideale Konsis-tenz hat. Probieren und nach Geschmack süßen, dann nochmals mixen.

Tapiokaperlen, Nata de Coco oder Popping Boba ins Servierglas geben und mit dem Slush übergießen. Sofort servieren.

So geht es auch:

Geben Sie vor dem Servieren eine Kelle Tapioka *auf* den Drink. Weil der Slush sehr dickflüssig ist, versinken sie nicht.

KOKOS-SLUSH

ZUTATEN:
- 100 ml Biovollmilch (oder Pflanzen-drink nach Wahl, siehe Seite 21)
- Kokosmilchpulver (Menge gemäß Packungsaufschrift oder nach Geschmack)
- 30 ml (2 EL) frisch aufgebrühter Jasmintee
- ¼ TL Xanthan
- Eiswürfel
- etwa 30 ml (2 EL) lösliche Süße, z.B. Agavendicksaft, Zuckerrüben-sirup oder Zuckersirup (Seite 9), oder nach Geschmack
- etwa 1 Siebkelle Tapioka (Seite 10), Nata de Coco oder Popping Boba

ZUBEHÖR:
- Mixer
- Cocktailshaker, 500 ml
- Glas zum Servieren, 500 ml
- Siebkelle
- Trinkhalm mit großem Durchmesser

Die Milch mit Kokosmilchpulver, Jasmin-tee und Xanthan in den Mixer geben. Eine Shakerfüllung Eiswürfel zugeben und mixen, bis der Slush die perfekte Konsis-tenz hat. Probieren und nach Geschmack süßen, dann nochmals mixen.

Tapiokaperlen, Nata de Coco oder Popping Boba ins Servierglas geben und mit dem Slush übergießen. Sofort servieren.

So geht es auch:

Statt Milch plus Kokosmilchpulver können Sie auch einfach Kokosmilch verwenden.

MATCHA MIT CREMETOPPING

ZUTATEN:
– frisch aufgebrühter Jasmintee
  (Seite 17) zum Auffüllen
– ½ TL Matchapulver
– 100 ml Biovollmilch (oder Pflanzendrink nach Wahl, siehe Seite 21)
– Eiswürfel
– etwa 20 ml (4 TL) lösliche Süße,
  z. B. Agavendicksaft, Zuckerrübensirup oder Zuckersirup (Seite 9), oder
  nach Geschmack
– etwa 1 Siebkelle Tapioka (Seite 10)
  oder karamellisierte Tapioka (Seite 12)
– Frischkäse-Sahne-Topping (Seite 19)

ZUBEHÖR:
– Mixer
– Cocktailshaker, 500 ml
– Glas zum Servieren, 500 ml
– Siebkelle
– Trinkhalm mit großem Durchmesser

50 ml frisch aufgebrühten Jasmintee mit Matcha und Milch in den Mixer geben und gut verrühren.

Den Shaker mit Eiswürfeln füllen und die Matchamischung zugeben. Den Shaker bis fast an den Rand mit Jasmintee auffüllen. Den Deckel schließen und einige Sekunden schütteln. Probieren, nach Geschmack süßen und noch einmal schütteln.

Tapiokaperlen nach eigener Wahl ins Servierglas geben und mit dem Inhalt des Shakers übergießen. Etwa 3 cm Platz im Glas lassen. Einen Klecks des vorbereiteten Toppings auf den Drink setzen und sofort servieren.

So geht es auch:

Wenn Sie Eiswürfel und Xanthan in den Mixer geben, wird es ein Slush.

SCHOKO-NUSS-TEE MIT CREMETOPPING

ZUTATEN:
– frisch aufgebrühter Jasmintee
  (Seite 17) zum Auffüllen
– 2 EL Nuss-Nougat-Creme
– 100 ml Biovollmilch (oder Pflanzendrink nach Wahl, siehe Seite 21)
– Eiswürfel
– etwa 1 Siebkelle Tapioka (Seite 10)
  oder karamellisierte Tapioka (Seite 12)
– Frischkäse-Sahne-Topping (Seite 19)

ZUBEHÖR:
– Mixer
– Cocktailshaker, 500 ml
– Glas zum Servieren, 500 ml
– Siebkelle
– Trinkhalm mit großem Durchmesser

50 ml frisch aufgebrühten Jasmintee mit Nuss-Nougat-Creme und Milch in den Mixer geben und gründlich verrühren.

Den Shaker mit Eiswürfeln füllen und die Milchmischung zugießen. Den Shaker bis fast an den Rand mit Jasmintee auffüllen. Den Deckel schließen und einige Sekunden schütteln.

Tapiokaperlen nach eigener Wahl ins Servierglas geben und mit dem Inhalt des Shakers übergießen. Etwa 3 cm Platz im Glas lassen. Einen Klecks des vorbereiteten Toppings auf den Drink setzen und sofort servieren.

MIXEN FÜR KÖNNER

Wenn Sie sich mit den Grundrezepten gut vertraut gemacht haben, können Sie sich ohne Weiteres an die raffinierteren Rezepte in diesem Kapitel wagen.

BANOFFEE-TEE

ZUTATEN:
- frisch aufgebrühter Jasmintee (Seite 17) zum Auffüllen
- 100 ml Biovollmilch (oder Pflanzendrink nach Wahl, siehe Seite 21)
- 1 kleine reife Banane
- Eiswürfel
- etwa 20 ml (4 TL) lösliche Süße, z. B. Agavendicksaft, Zuckerrübensirup oder Zuckersirup (Seite 9), oder nach Geschmack
- etwa 1 Siebkelle Tapioka (Seite 10) oder karamellisierte Tapioka (Seite 12)
- Karamellsirup und Schlagsahne zum Garnieren

ZUBEHÖR:
- Mixer
- Cocktailshaker, 500 ml
- Glas zum Servieren, 500 ml
- Siebkelle
- Trinkhalm mit großem Durchmesser

50 ml frisch aufgebrühten Jasmintee mit Milch und Banane im Mixer glatt pürieren.

Den Shaker mit Eiswürfeln füllen und die Bananenmilch zugießen. Mit Jasmintee bis fast an den Rand des Shakers auffüllen. Den Deckel schließen und einige Sekunden schütteln. Probieren, nach Geschmack süßen und noch einmal schütteln.

Tapiokaperlen nach eigener Wahl ins Servierglas geben und großzügig Karamellsirup an der Innenwand des Glases hinablaufen lassen. Das ergibt tolle Streifen!

Den Inhalt des Shakers langsam ins Glas gießen und einen Klecks Schlagsahne daraufsetzen. Mit Karamellsirup beträufeln.

ROSA COOKIE-TEE

ZUTATEN:
- frisch aufgebrühter Jasmintee (Seite 17) zum Auffüllen
- 1 Handvoll Himbeeren
- 100 ml Biovollmilch (oder Pflanzendrink nach Wahl, siehe Seite 21)
- 1 kleine Handvoll Mürbeteigplätzchen, zerbröselt, plus 1 TL zum Garnieren
- Eiswürfel
- etwa 20 ml (4 TL) lösliche Süße, z. B. Agavendicksaft, Zuckerrübensirup oder Zuckersirup (Seite 9), oder nach Geschmack
- etwa 1 Siebkelle Tapioka (Seite 10) oder karamellisierte Tapioka (Seite 12)
- Schlagsahne zum Garnieren

ZUBEHÖR:
- Mixer
- Cocktailshaker, 500 ml
- Glas zum Servieren, 500 ml
- Siebkelle
- Trinkhalm mit großem Durchmesser

50 ml frisch aufgebrühten Jasmintee mit Himbeeren, Milch und zerbröselten Plätzchen im Mixer glatt pürieren.

Den Shaker mit Eiswürfeln füllen und mit der Himbeermilch übergießen. Mit Jasmintee bis fast an den Rand des Shakers auffüllen. Den Deckel schließen und einige Sekunden schütteln. Probieren, nach Geschmack süßen und noch einmal schütteln.

Tapiokaperlen nach eigener Wahl ins Servierglas geben und mit dem Inhalt des Shakers übergießen. Mit Schlagsahne und Keksbröseln garnieren.

MANGO-LASSI MIT GEWÜRZ

ZUTATEN:
– 2 EL Naturjoghurt
– 1 Handvoll frische Mangowürfel oder fertiges Mangopüree
– frisch aufgebrühter Jasmintee (Seite 17) zum Auffüllen
– Eiswürfel
– 3 Kardamomkapseln, leicht zerdrückt, plus etwas mehr zum Garnieren
– etwa 20 ml (4 TL) lösliche Süße, z. B. Agavendicksaft, Zuckerrübensirup oder Zuckersirup (Seite 9), oder nach Geschmack
– etwa 1 Siebkelle Tapioka (Seite 10) oder karamellisierte Tapioka (Seite 12)

ZUBEHÖR:
– Mixer
– Cocktailshaker, 500 ml
– Glas zum Servieren, 500 ml
– Siebkelle
– Trinkhalm mit großem Durchmesser

Den Joghurt mit Mangowürfeln oder Mangopüree und 30 ml (2 EL) frisch aufgebrühtem Jasmintee in den Mixer geben. Glatt pürieren.

Den Shaker mit Eiswürfeln füllen und die Mangomischung zufügen. Mit Jasmintee bis fast an den Rand des Shakers auffüllen. Den Kardamom zugeben. Den Deckel schließen und einige Sekunden schütteln. Probieren, nach Geschmack süßen und noch einmal schütteln.

Tapiokaperlen nach eigener Wahl ins Servierglas geben und mit dem Inhalt des Shakers übergießen, dabei den Kardamom entfernen. Mit zerdrücktem Kardamom garnieren.

ERDBEERTEE MIT SAHNE

ZUTATEN:

- frisch aufgebrühter Jasmintee (Seite 17) zum Auffüllen
- 100 ml Biovollmilch (oder Pflanzendrink nach Wahl, siehe Seite 21)
- 1 Handvoll Erdbeeren oder fertiges Erdbeerpüree plus einige Früchte zum Garnieren
- Eiswürfel
- etwa 20 ml (4 TL) lösliche Süße, z.B. Agavendicksaft, Zuckerrübensirup oder Zuckersirup (Seite 9), oder nach Geschmack
- etwa 1 Siebkelle Tapioka (Seite 10), karamellisierte Tapioka (Seite 12) oder Popping Boba
- Schlagsahne zum Garnieren

ZUBEHÖR:

- Mixer
- Cocktailshaker, 500 ml
- Glas zum Servieren, 500 ml
- Siebkelle
- Trinkhalm mit großem Durchmesser

50 ml frisch aufgebrühten Jasmintee mit Milch und Erdbeeren oder Erdbeerpüree im Mixer glatt pürieren beziehungsweise verquirlen.

Den Shaker mit Eiswürfeln füllen und die Erdbeermilch zugießen. Mit Jasmintee bis fast an den Rand des Shakers auffüllen. Den Deckel schließen und einige Sekunden schütteln. Probieren, nach Geschmack süßen und noch einmal schütteln.

Tapiokaperlen nach eigener Wahl oder Popping Boba ins Servierglas geben und mit dem Inhalt des Shakers übergießen. Mit einem Sahnehäubchen und frischen Erdbeerstückchen garnieren.

So geht es auch:

Statt Erdbeeren können Sie auch andere Beeren verwenden.

SCHOKOMINZE MIT SAHNE

ZUTATEN:
– frisch aufgebrühter Jasmintee
  (Seite 17) zum Auffüllen
– 100 ml Biovollmilch (oder Pflanzendrink nach Wahl, siehe Seite 21)
– 2 EL Nuss-Nougat-Creme
– frische Minzeblätter plus einige zum
  Garnieren
– Eiswürfel
– etwa 1 Siebkelle Tapioka (Seite 10)
  oder karamellisierte Tapioka (Seite 12)
– Schlagsahne und Schokoladenstreusel
  zum Garnieren

ZUBEHÖR:
– Mixer
– Cocktailshaker, 500 ml
– Glas zum Servieren, 500 ml
– Siebkelle
– Trinkhalm mit großem Durchmesser

50 ml frisch aufgebrühten Jasmintee mit Milch, Nuss-Nougat-Creme und Minzeblättern in den Mixer geben und glatt pürieren.

Den Shaker mit Eiswürfeln füllen und die Schokomilch zugießen. Mit Jasmintee bis fast zum Rand auffüllen. Den Deckel schließen und einige Sekunden schütteln.

Tapiokaperlen nach eigener Wahl ins Servierglas geben und mit dem Inhalt des Shakers übergießen. Ein Sahnehäubchen daraufsetzen und mit Schokoladenstreuseln und frischen Minzeblättern garnieren. Sofort servieren.

So geht es auch:

Statt Nuss-Nougat-Creme können Sie auch ein Stück Ihres Lieblingsschokoriegels verwenden.

COOKIE CRUSH

ZUTATEN:

- frisch aufgebrühter Jasmintee (Seite 17) zum Auffüllen
- einige Tropfen Vanilleextrakt (Dosierung gemäß Packungsaufschrift)
- 100 ml Biovollmilch (oder Pflanzendrink nach Wahl, siehe Seite 21)
- 1 Handvoll zerbröselte Schokoplätzchen mit Vanillefüllung plus einige zum Garnieren
- Eiswürfel
- etwa 20 ml (4 TL) lösliche Süße, z. B. Agavendicksaft, Zuckerrübensirup oder Zuckersirup (Seite 9), oder nach Geschmack
- etwa 1 Siebkelle Tapioka (Seite 10) oder karamellisierte Tapioka (Seite 12)
- Schlagsahne zum Garnieren

ZUBEHÖR:

- Mixer
- Cocktailshaker, 500 ml
- Glas zum Servieren, 500 ml
- Siebkelle
- Trinkhalm mit großem Durchmesser

100 ml frisch aufgebrühten Jasmintee mit Vanilleextrakt, Milch und zerbröselten Plätzchen im Mixer glatt pürieren.

Den Shaker mit Eiswürfeln füllen und die Mischung aus dem Mixer zufügen. Mit Jasmintee bis fast an den Rand des Shakers auffüllen. Den Deckel schließen und einige Sekunden schütteln. Probieren, nach Geschmack süßen und noch einmal schütteln.

Tapiokaperlen nach eigener Wahl ins Servierglas geben und mit dem Inhalt des Shakers übergießen. Ein Sahnehäubchen daraufsetzen und mit Keksbröseln garnieren. Dazu ganze Plätzchen reichen.

So geht es auch:

Statt der Schoko-Vanille-Plätzchen können Sie Ihre Lieblingsplätzchen verwenden.

MEER-
JUNGFRAU

ZUTATEN:
- frisch aufgebrühter Jasmintee (Seite 17) zum Auffüllen
- Kokosmilchpulver (Menge gemäß Packungsaufschrift oder nach Geschmack)
- 100 ml Biovollmilch (oder Pflanzendrink nach Wahl, siehe Seite 21)
- flüssige blaue Lebensmittelfarbe (Dosierung gemäß Packungsaufschrift)
- Eiswürfel
- etwa 20 ml (4 TL) lösliche Süße, z. B. Agavendicksaft, Zuckerrübensirup oder Zuckersirup (Seite 9), oder nach Geschmack
- etwa 1 Siebkelle Tapioka (Seite 10) oder karamellisierte Tapioka (Seite 12)
- essbarer Kuchenglitzer (Gold) und ringförmige Plätzchen mit rosa Glasur

Für die Erdbeersahne (ausreichend für 6 Drinks):
- 240 g Schlagsahne
- flüssige rosa Lebensmittelfarbe (Dosierung gemäß Packungsaufschrift)
- Erdbeersirup nach Geschmack

ZUBEHÖR:
- Sahnesiphon mit Patronen
- Mixer
- Cocktailshaker, 500 ml
- Glas zum Servieren, 500 ml
- Siebkelle
- Trinkhalm mit großem Durchmesser

Dieser Drink besteht aus zwei Komponenten: der Erdbeersahne und dem eigentlichen Getränk. Wir haben Sie gewarnt, dass die Rezepte allmählich anspruchsvoller werden!

Für die Erdbeersahne Schlagsahne, rosa Lebensmittelfarbe und Erdbeersirup im Sahnesiphon kräftig schütteln. Bis zur Verwendung in den Kühlschrank stellen. Kurz vor dem Servieren die Patrone gemäß Herstelleranweisung einsetzen.

Für den Bubble Tea 50 ml frisch aufgebrühten Jasmintee mit Kokosmilchpulver, Milch und blauer Lebensmittelfarbe im Mixer glatt pürieren.

Den Shaker mit Eiswürfeln füllen und die blaue Mischung zufügen. Mit Jasmintee bis fast an den Rand des Shakers auffüllen. Den Deckel schließen und einige Sekunden schütteln. Probieren, nach Geschmack süßen und noch einmal schütteln.

Tapiokaperlen nach eigener Wahl ins Servierglas geben und mit dem Inhalt des Shakers übergießen. Eine dicke Haube Erdbeersahne daraufspritzen und mit Kuchenglitzer und rosa Plätzchen garnieren.

Nachdem Sie den Bogen heraus haben, wird Ihnen auch der Pixie (Seite 76) leicht von der Hand gehen.

PIXIE

ZUTATEN:

- frisch aufgebrühter Jasmintee
  (Seite 17) zum Auffüllen
- einige Tropfen Vanilleextrakt
  (Dosierung gemäß Packungsaufschrift
  oder nach Geschmack)
- 100 ml Biovollmilch (oder Pflanzendrink nach Wahl, siehe Seite 21)
- 100 ml Litschisaft
- flüssige rosa Lebensmittelfarbe
  (Dosierung gemäß Packungsaufschrift)
- Eiswürfel
- etwa 20 ml (4 TL) lösliche Süße,
  z. B. Agavendicksaft, Zuckerrübensirup oder Zuckersirup (Seite 9), oder
  nach Geschmack
- etwa 1 Siebkelle Tapioka (Seite 10)
  oder karamellisierte Tapioka (Seite 12)
- bunte Zuckerstreusel und Zucker-
  einhörner zum Garnieren

Für die Maracujasahne
(ausreichend für 6 Drinks):

- 240 g Schlagsahne
- flüssige orange Lebensmittelfarbe
  (Dosierung gemäß Packungsaufschrift)
- Maracujasirup nach Geschmack

ZUBEHÖR:

- Sahnesiphon mit Patronen
- Mixer
- Cocktailshaker, 500 ml
- Glas zum Servieren, 500 ml
- Siebkelle
- Trinkhalm mit großem Durchmesser

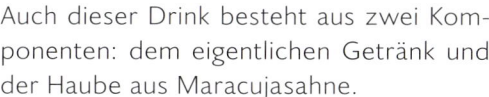

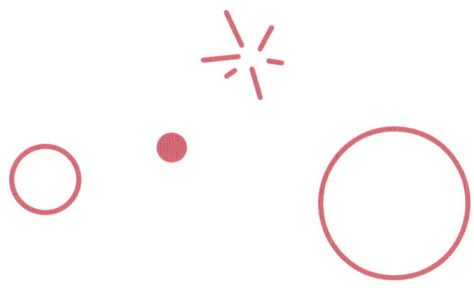

Für den Bubble Tea 50 ml frisch aufgebrühten Jasmintee mit Vanilleextrakt, Milch, Litschisaft und rosa Lebensmittelfarbe im Mixer glatt pürieren.

Den Shaker mit Eiswürfeln füllen und die rosa Mischung zugießen. Mit Jasmintee bis fast an den Rand des Shakers auffüllen. Den Deckel schließen und einige Sekunden schütteln. Probieren, nach Geschmack süßen und noch einmal schütteln.

Auch dieser Drink besteht aus zwei Komponenten: dem eigentlichen Getränk und der Haube aus Maracujasahne.

Für die Maracujasahne Schlagsahne, orangene Lebensmittelfarbe und Maracujasirup im Sahnesiphon kräftig schütteln. Bis zur Verwendung in den Kühlschrank stellen. Kurz vor dem Servieren die Patrone gemäß Herstelleranweisung einsetzen.

Tapiokaperlen nach eigener Wahl ins Servierglas geben und mit dem Inhalt des Shakers übergießen. Eine Haube aus Maracujasahne daraufspritzen und mit Streuseln und kleinen Einhörnern dekorieren.

LILA WUNDER

ZUTATEN:
- frisch aufgebrühter Jasmintee (Seite 17) zum Auffüllen
- einige Tropfen Vanilleextrakt (Dosierung gemäß Packungsaufschrift oder nach Geschmack)
- 1 Handvoll Heidelbeeren
- 100 ml Biovollmilch (oder Pflanzendrink nach Wahl, siehe Seite 21)
- flüssige rosa Lebensmittelfarbe (Dosierung gemäß Packungsaufschrift)
- flüssige blaue Lebensmittelfarbe (Dosierung gemäß Packungsaufschrift)
- Eiswürfel
- etwa 20 ml (4 TL) lösliche Süße, z. B. Agavendicksaft, Zuckerrübensirup oder Zuckersirup (Seite 9), oder nach Geschmack
- etwa 1 Siebkelle Tapioka (Seite 10) oder karamellisierte Tapioka (Seite 12)
- bunte Streusel und Miniplätzchen zum Garnieren

Für die Apfelsahne (ausreichend für 6 Drinks):
- 240 g Schlagsahne
- flüssige grüne Lebensmittelfarbe (Dosierung gemäß Packungsaufschrift)
- Apfelsirup nach Geschmack

ZUBEHÖR:
- Sahnesiphon mit Patronen
- Mixer
- Cocktailshaker, 500 ml
- Glas zum Servieren, 500 ml
- Siebkelle
- Trinkhalm mit großem Durchmesser

Auch dieser Drink besteht aus zwei Komponenten: dem eigentlichen Getränk und der Haube aus Apfelsahne.

Für die Apfelsahne Schlagsahne, grüne Lebensmittelfarbe und Apfelsirup im Sahnesiphon kräftig schütteln. Bis zur Verwendung in den Kühlschrank stellen. Kurz vor dem Servieren die Patrone gemäß Herstelleranweisung einsetzen.

Für den Bubble Tea 50 ml frisch aufgebrühten Jasmintee mit Vanilleextrakt, Heidelbeeren, Milch sowie rosa und blauer Lebensmittelfarbe im Mixer glatt pürieren.

Den Shaker mit Eiswürfeln füllen und die Heidelbeermischung zugießen. Mit Jasmintee bis fast an den Rand des Shakers auffüllen. Den Deckel schließen und einige Sekunden schütteln. Probieren, nach Geschmack süßen und noch einmal schütteln.

Tapiokaperlen nach eigener Wahl ins Servierglas geben und mit dem Inhalt des Shakers übergießen. Eine Haube aus Apfelsahne daraufspritzen und mit Streuseln und kleinen Plätzchen dekorieren.

79

BLAUER LITSCHI-LATTE

ZUTATEN:

- 130 ml Biovollmilch (oder Pflanzendrink nach Wahl, siehe Seite 21)
- flüssige blaue Lebensmittelfarbe (Dosierung gemäß Packungsaufschrift)
- 30 ml (2 EL) Litschisaft
- etwa 1 Siebkelle Tapioka (Seite 10)
- Eiswürfel
- lösliche Süße, z.B. Agavendicksaft, Zuckerrübensirup oder Zuckersirup (Seite 9), nach Belieben
- frisch aufgebrühter Kaffee zum Auffüllen

ZUBEHÖR:

- Cocktailshaker, 500 ml
- Löffel
- Glas zum Servieren, 500 ml
- Siebkelle
- Trinkhalm mit großem Durchmesser

Die Milch mit blauer Lebensmittelfarbe und Litschisaft in den Shaker geben. Mit dem Löffel umrühren.

Die Tapiokaperlen ins Servierglas geben und die Litschimilch zugießen. Das Glas zu drei Vierteln mit Eiswürfeln füllen. Falls gewünscht, jetzt die lösliche Süße unterrühren.

Einen Löffel etwa 1 cm über die Litschimilch halten und langsam den Kaffee über den Löffelrücken ins Glas gießen. Dabei allmählich den Löffel anheben, sodass der Abstand zur Flüssigkeit gleich bleibt. Dadurch fließt der Kaffee sehr langsam auf die darunterliegende Flüssigkeit und scheint auf der blauen Litschimilch zu liegen. Das sieht faszinierend aus!

ERDNUSSLIEBE

ZUTATEN:
- frisch aufgebrühter Jasmintee (Seite 17) zum Auffüllen
- 120 ml Biovollmilch (oder Pflanzendrink nach Wahl, siehe Seite 21)
- einige Tropfen Vanilleextrakt (Dosierung gemäß Packungsaufschrift)
- 3 EL cremige Erdnussbutter
- Eiswürfel
- etwa 30 ml (2 EL) lösliche Süße, z. B. Agavendicksaft, Zuckerrübensirup oder Zuckersirup (Seite 9), oder nach Geschmack
- etwa 1 Siebkelle Tapioka (Seite 10) oder karamellisierte Tapioka (Seite 12)
- Schlagsahne, Erdnusskonfekt und Plätzchen mit Schokoglasur zum Garnieren

ZUBEHÖR:
- Mixer
- Cocktailshaker, 500 ml
- Glas zum Servieren, 500 ml
- Siebkelle
- Trinkhalm mit großem Durchmesser

60 ml frisch aufgebrühten Jasmintee mit Milch, Vanilleextrakt und Erdnussbutter in den Mixer geben und gut verquirlen.

Den Shaker mit Eiswürfeln füllen und die Erdnussmischung zugießen. Mit Jasmintee bis fast an den Rand des Shakers auffüllen. Den Deckel schließen und einige Sekunden schütteln. Probieren, nach Geschmack süßen und noch einmal schütteln.

Tapiokaperlen nach eigener Wahl ins Servierglas geben und mit dem Inhalt des Shakers übergießen. Ein Sahnehäubchen daraufsetzen und mit Erdnusskonfekt und Plätzchen garnieren.

NOJITO

ZUTATEN:
– 1 Handvoll frische Minzeblätter
– Eiswürfel
– 100 ml Litschisaft
– 50 ml frisch aufgebrühter Jasmintee
  (Seite 17)
– Kokoswasser zum Auffüllen
– etwa 1 Siebkelle Tapioka (Seite 10),
  Nata de Coco oder Popping Boba

ZUBEHÖR:
– Cocktailshaker, 500 ml
– Cocktailstampfer
– Glas zum Servieren, 500 ml
– Siebkelle
– Trinkhalm mit großem Durchmesser

Die frischen Minzeblätter in den Shaker geben und mit dem Cocktailstampfer zerdrücken, damit sie ihre ätherischen Öle freigeben.

Den Shaker mit Eiswürfeln füllen, Litschisaft und Jasmintee zufügen. Mit Kokoswasser bis fast an den Rand auffüllen. Den Deckel schließen und einige Sekunden schütteln.

Tapiokaperlen, Nata de Coco oder Popping Boba ins Servierglas geben und mit dem Inhalt des Shakers übergießen.

ZITRONEN-FRÜCHTETEE
MIT BLÜTENEXTRAKT

ZUTATEN:

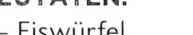

- Eiswürfel
- 150 ml frisch aufgebrühter Jasmintee (Seite 17)
- 100 ml frisch aufgebrühter Anchan-Blautee
- etwa 1 Siebkelle Tapioka (Seite 10), Nata de Coco oder Popping Boba
- Eiswürfel
- Zitronenlimonade zum Auffüllen
- Saft von ½ Zitrone

ZUBEHÖR:

- Cocktailshaker, 500 ml
- Glas zum Servieren, 500 ml
- Löffel
- Siebkelle
- Barsieb
- Trinkhalm mit großem Durchmesser

Den Shaker zur Hälfte mit Eiswürfeln füllen. Frisch aufgebrühten Jasmintee und Blautee zufügen. Den Deckel schließen und einige Sekunden schütteln.

Tapiokaperlen, Nata de Coco oder Popping Boba ins Servierglas geben und 3 Eiswürfel zufügen. Mit 150 ml Limonade übergießen. Den frisch gepressten Zitronensaft zufügen und umrühren (sehr wichtig!)

Einen Löffel etwa 1 cm über die Limonade halten und die Mischung aus dem Shaker durch das Barsieb langsam über den Löffelrücken ins Glas gießen. Dabei den Löffel langsam heben, damit der Abstand zur Flüssigkeit gleich bleibt. So fließt die Teemischung ganz sanft auf die Limonade und mischt sich kaum. Beim Eingießen verwandelt sich die Farbe des Drinks wegen der Säure von Dunkelblau zu Pink. Sofort servieren.

Warum verändert sich die Farbe?

Das hat mit dem pH-Wert zu tun, also dem Säuregehalt der Flüssigkeit. Anchantee aus Schmetterlingserbsenblüten ist normalerweise dunkelblau. Mischt man ihn mit einer säurehaltigen Flüssigkeit, ändert sich seine Farbe und er wird violett oder sogar pink.

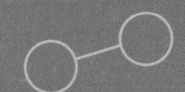

BUBBLE TEA COCKTAILS & MOCKTAILS

Bubble Tea kann sich auch in Form von schicken Cocktails
oder Mocktails (ohne Alkohol) präsentieren.
Wie es geht, erfahren Sie in diesem Kapitel.

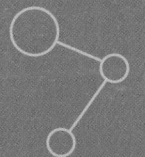

Trinkhalme und Perlen

Handelsübliche Trinkhalme mit großem Durchmesser sind für manche Cocktailgläser zu lang, aber man kann sie im Handumdrehen mit einer Schere auf die gewünschte Länge kürzen. Verwenden Sie für die folgenden Rezepte normale Tapiokaperlen. Durch karamellisierte Tapioka können die Cocktails zu süß und zu dickflüssig werden.

GINGER ALE MIT EIS

ZUTATEN:
– Eiswürfel
– 30 ml (2 EL) frisch aufgebrühter Assamtee (Seite 17)
– 20 ml (4 TL) Apfelsaft
– 1 Spritzer frischer Limettensaft
– 10 ml (2 TL) Holunderblütensirup
– etwa 1 Siebkelle Popping Boba oder Nata de Coco
– Ginger Ale zum Auffüllen
– 1 Kugel Erdbeer- oder Vanilleeis

ZUBEHÖR:
– Cocktailshaker, 500 ml
– Cocktail- oder Martiniglas, 300 ml
– Siebkelle
– Barsieb
– Trinkhalm mit großem Durchmesser, bei Bedarf gekürzt

Den Shaker zur Hälfte mit Eiswürfeln füllen. Frisch aufgebrühten Assamtee, Apfelsaft, Limettensaft und Holunderblütensirup zufügen. Den Deckel schließen und einige Sekunden schütteln.

Popping Boba oder Nata de Coco in das Cocktailglas geben und den Inhalt des Shakers durch das Barsieb darübergießen (also ohne Eiswürfel). Mit Ginger Ale auffüllen, aber noch etwas Platz im Glas lassen. Eine Kugel Erdbeer- oder Vanilleeis auf den Drink setzen und sofort servieren.

BROMBEER-BLISS

ZUTATEN:

- 1 Handvoll Brombeeren plus einige Früchte zum Garnieren
- etwa 1 Siebkelle Popping Boba oder Nata de Coco
- Eiswürfel
- 50 ml frisch aufgebrühter Jasmintee (Seite 17)
- Zitronenlimonade zum Auffüllen
- frischer Rosmarin zum Garnieren

ZUBEHÖR:

- Messbecher
- Cocktailstampfer
- Old-Fashioned- oder Whiskyglas, 350 ml
- Siebkelle
- Trinkhalm mit großem Durchmesser, bei Bedarf gekürzt

1 Handvoll Brombeeren in den Messbecher geben und mit dem Cocktailstampfer zerdrücken, dann ins Glas geben. Popping Boba oder Nata de Coco darauffüllen.

Eiswürfel ins Glas geben. Den frisch aufgebrühten Jasmintee zugießen und das Glas bis knapp unter den Rand mit Limonade auffüllen. Mit ganzen Brombeeren und einem Zweig Rosmarin garnieren.

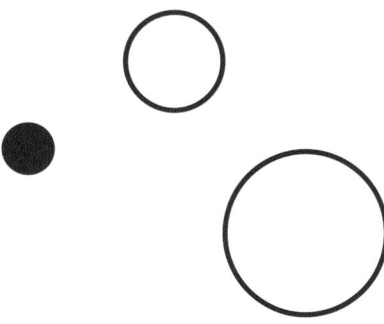

LAVENDEL-KUSS

ZUTATEN:
- 80 ml Biovollmilch (oder Pflanzendrink nach Wahl, siehe Seite 21)
- 2 TL getrocknete Lavendelblüten
- 30 ml (2 EL) frisch aufgebrühter Jasmintee (Seite 17)
- etwa 20 ml (4 TL) lösliche Süße, z. B. Agavendicksaft, Zuckerrüben-sirup oder Zuckersirup (Seite 9), oder nach Geschmack
- Eiswürfel
- etwa 1 Siebkelle Tapioka (Seite 10)
- frischer Lavendelzweig zum Garnieren

Für den Blütenrand:
- essbare Blütenblätter, gehackt
- 1 Stück Limette

ZUBEHÖR:
- Mixer
- Cocktailshaker, 500 ml
- Cocktail- oder Martiniglas, 300 ml
- Siebkelle
- Barsieb
- Trinkhalm mit großem Durchmesser, bei Bedarf gekürzt

Für den Blütenrand die Blütenblätter auf einen Teller streuen. Den Glasrand mit der Limette anfeuchten, dann in die Blüten tauchen.

Die Milch mit getrockneten Lavendelblü-ten und frisch aufgebrühtem Jasmintee in einem Mixer pürieren. Probieren und nach Geschmack süßen, dann nochmals mixen.

Den Shaker zur Hälfte mit Eiswürfeln füllen und die Lavendelmischung zugießen. Den Deckel schließen und einige Sekunden schütteln.

Die Tapiokaperlen in das Glas geben und den Inhalt des Shakers durch das Barsieb zugießen (also ohne Eiswürfel). Mit einem Zweig Lavendel garniert sofort servieren.

DOWNTOWN DAQUIBERRY

ZUTATEN:
– 1 kleine Handvoll Himbeeren oder
  fertiges Himbeerpüree plus einige
  Früchte zum Garnieren
– 1 kleine Handvoll Erdbeeren oder
  fertiges Erdbeerpüree plus einige
  Früchte zum Garnieren
– 250 ml frisch aufgebrühter Jasmintee
  (Seite 17)
– 1 Spritzer Limettensaft
– ¼ TL Xanthan
– Eiswürfel
– etwa 20 ml (4 TL) lösliche Süße,
  z. B. Agavendicksaft, Zuckerrübensirup oder Zuckersirup (Seite 9), oder
  nach Geschmack
– etwa 1 Siebkelle Popping Boba oder
  Nata de Coco

ZUBEHÖR:
– Mixer
– Cocktailshaker, 500 ml
– Highballglas, 350 ml
– Siebkelle
– Trinkhalm mit großem Durchmesser

Himbeeren und Erdbeeren (oder Pürees) mit dem frisch aufgebrühten Jasmintee, einem Spritzer Limettensaft und dem Xanthan im Mixer fein pürieren beziehungsweise gut verquirlen. Eine halbe Shakerfüllung Eiswürfel zufügen und mixen, bis der Slush die perfekte Konsistenz hat. Probieren und nach Geschmack süßen, dann nochmals mixen.

Popping Boba oder Nata de Coco ins Glas geben und mit dem Slush übergießen. Mit frischen Himbeeren und Erdbeeren garnieren und sofort servieren.

KAFFEE-WOLKE SIEBEN

ZUTATEN:
– Eiswürfel
– 120 ml frisch aufgebrühter
  schwarzer Kaffee
– 10 ml (2 TL) frisch aufgebrühter
  Assamtee (Seite 17)
– etwa 20 ml (4 TL) lösliche Süße,
  z. B. Agavendicksaft, Zuckerrübensirup oder Zuckersirup (Seite 9), oder
  nach Geschmack
– etwa 1 Siebkelle Tapioka (Seite 10)
– dunkler Schokoladensirup zum
  Beträufeln
– Kaffeebohnen zum Garnieren

ZUBEHÖR:
– Cocktailshaker, 500 ml
– Sektschale, 200 ml
– Siebkelle
– Barsieb
– Trinkhalm mit großem Durchmesser,
  bei Bedarf gekürzt

Den Shaker zur Hälfte mit Eiswürfeln füllen. Schwarzen Kaffee und frisch aufgebrühten Assamtee zugeben. Den Deckel schließen und schütteln, bis die Mischung schaumig wird. Probieren und nach Geschmack süßen, dann nochmals schütteln.

Die Tapiokaperlen in die Sektschale geben. Schokoladensirup an der Innenwand des Glases hinablaufen lassen. Den Inhalt des Shakers durch das Barsieb ins Glas gießen (also ohne Eiswürfel), dann den Schaum aus dem Shaker auf den Drink fließen lassen oder schieben. Mit Kaffeebohnen garniert servieren.

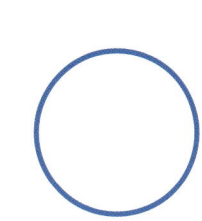

SCHWARZE HIMBEERE

ZUTATEN:
- Eiswürfel
- 60 ml Whisky
- 25 ml Himbeerlikör
- 2 EL Himbeerpüree
- flüssige schwarze Lebensmittelfarbe (Dosierung gemäß Packungsaufschrift)
- 30 ml (2 EL) frisch aufgebrühter Jasmintee (Seite 17)
- ¼ TL essbarer Glitter
- etwa 1 Siebkelle Popping Boba

Für den Zuckerrand:
- weißer Zucker
- 1 Stück Limette

ZUBEHÖR:
- Cocktailshaker, 500 ml
- Martiniglas, 300 ml
- Siebkelle
- Barsieb
- Trinkhalm mit großem Durchmesser, bei Bedarf gekürzt

Für den Zuckerrand etwas Zucker auf einen Teller streuen. Den Glasrand mit dem Limettenstück anfeuchten, dann in den Zucker drücken.

Den Shaker zur Hälfte mit Eiswürfeln füllen. Whisky, Himbeerlikör, Himbeerpüree, schwarze Lebensmittelfarbe, frisch aufgebrühten Jasmintee und essbaren Glitter zugeben. Den Deckel schließen und einige Sekunden schütteln.

Popping Boba in das vorbereitete Glas geben. Den Inhalt des Shakers durch das Barsieb ins Glas gießen (also ohne Eiswürfel) und sofort servieren.

DIE ERRÖTENDE HERZOGIN

ZUTATEN:
– Eiswürfel
– 50 ml Wodka
– 25 ml Triple sec
– 40 ml Cranberrysaft
– 30 ml (2 EL) frisch aufgebrühter Jasmintee (Seite 17)
– 1 Spritzer frisch gepresster Limettensaft
– ¼ TL essbarer Glitter
– etwa 1 Siebkelle Popping Boba oder Nata de Coco

Für den rosa Zuckerrand:
– Zucker
– flüssige rosa Lebensmittelfarbe
– 1 Stück Limette

ZUBEHÖR:
– Cocktailshaker, 500 ml
– Martiniglas, 300 ml
– Siebkelle
– Barsieb
– Trinkhalm mit großem Durchmesser, bei Bedarf gekürzt

Für den rosa Zuckerrand etwas Zucker auf einen Teller streuen und eine kleine Menge rosa Lebensmittelfarbe zugeben. Mischen, bis der Zucker rosa wird. Der Zucker darf sich nicht auflösen. Den Glasrand mit dem Limettenstück anfeuchten, dann in den rosa Zucker tauchen.

Den Shaker zur Hälfte mit Eiswürfeln füllen. Wodka, Triple sec, Cranberrysaft, frisch aufgebrühten Jasmintee, Limettensaft und essbaren Glitter zugeben. Den Deckel schließen und einige Sekunden schütteln.

Popping Boba oder Nata de Coco in das vorbereitete Glas geben. Den Inhalt des Shakers durch ein Barsieb ins Glas gießen (also ohne Eiswürfel). Sofort servieren.

EXOTISCHER FALTER

ZUTATEN:

– 50 ml Gin
– 50 ml frisch aufgebrühter Anchan-Blautee
– etwa 1 Siebkelle Popping Boba oder Nata de Coco
– 150 ml Tonic Water
– 1 Spritzer Limettensaft
– 30 ml (2 EL) frisch aufgebrühter Jasmintee (Seite 17)
– Eiswürfel
– Borretschblüten zum Garnieren

ZUBEHÖR:

– kleines Trinkglas
– Löffel
– Highballglas, 350 ml
– Siebkelle
– Trinkhalm mit großem Durchmesser

Den Gin mit dem Anchan-Blautee in das Trinkglas gießen und umrühren. Der Gin wird jetzt intensiv blau.

Der restliche Drink wird direkt im Highballglas zubereitet. Ein Shaker wird nicht benötigt. Popping Boba oder Nata de Coco ins Glas geben. Das Tonic Water zugießen. Einen kräftigen Spritzer Limettensaft (sehr wichtig!) und den frisch aufgebrühten Jasmintee zufügen. Das Glas mit Eiswürfeln füllen, bis es zu drei Vierteln voll ist.

Jetzt langsam den vorbereiteten Gin über einen Löffelrücken ins Glas gießen, sodass er sich nur langsam mit den anderen Zutaten mischt (siehe Seite 85). Mit Borretschblüten garniert sofort servieren.

TIKI
PASSION

ZUTATEN:
- Eiswürfel
- 50 ml Rum
- 50 ml Ananassaft
- Mark von 3 frischen Maracujas (Passionsfrüchte) oder Maracujasirup, Menge nach Belieben
- 30 ml (2 EL) frisch aufgebrühter Jasmintee (Seite 17)
- etwa 1 Siebkelle Popping Boba oder Nata de Coco
- Limettenschale zum Garnieren

ZUBEHÖR:
- Cocktailshaker, 500 ml
- Siebkelle
- Old-Fashioned- oder Whiskyglas, 350 ml
- Barsieb
- Trinkhalm mit großem Durchmesser, bei Bedarf gekürzt

Den Shaker zur Hälfte mit Eiswürfeln füllen. Rum, Ananassaft, Maracujamark (oder Sirup) und frisch aufgebrühten Jasmintee zufügen. Den Deckel schließen und einige Sekunden schütteln.

Popping Boba oder Nata de Coco ins Glas geben. Den Inhalt des Shakers durch das Barsieb ins Glas gießen (also ohne Eiswürfel). Mit einer Spirale aus Limettenschale garnieren und sofort servieren.

KOMBUCHA-GRANATAPFEL-PUNSCH

ZUTATEN:

- Eiswürfel
- 80 ml Kombucha
- 30 ml (2 EL) frisch aufgebrühter Assamtee (Seite 17)
- etwa 1 Siebkelle Tapioka (Seite 10), Popping Boba oder Nata de Coco
- frische Granatapfelkerne, Zitronenscheiben und Minzeblätter zum Garnieren
- Ginger Ale zum Auffüllen

ZUBEHÖR:

- Cocktailshaker, 500 ml
- Siebkelle
- Old-Fashioned- oder Whiskyglas, 350 ml
- Barsieb
- Trinkhalm mit großem Durchmesser, bei Bedarf gekürzt

Den Shaker zur Hälfte mit Eiswürfeln füllen. Kombucha und frisch aufgebrühten Assamtee zugeben. Den Deckel schließen und einige Sekunden schütteln.

Tapiokaperlen, Popping Boba oder Nata de Coco ins Glas geben. Darauf eine Schicht frische Granatapfelkerne und Zitronenscheiben legen.

Den Inhalt des Shakers durch ein Barsieb ins Glas gießen (also ohne Eiswürfel). Mit Ginger Ale auffüllen, mit frischer Minze garnieren und sofort servieren.

BIG CITY PUNCH

ZUTATEN:
– Eiswürfel
– 25 ml Wodka
– 25 ml Triple sec
– 25 ml Gin
– 25 ml weißer Rum
– 40 ml Cranberrysaft
– 30 ml (2 EL) frisch aufgebrühter
  Jasmintee (Seite 17)
– 1 Spritzer Pfirsichsirup
– etwa 1 Siebkelle Popping Boba oder
  Nata de Coco
– frische Erdbeerscheiben und
  Limettenstücke
– Zitronenlimonade zum Auffüllen

ZUBEHÖR:
– Cocktailshaker, 500 ml
– Siebkelle
– Highballglas, 350 ml
– Barsieb
– Trinkhalm mit großem Durchmesser

Den Shaker zur Hälfte mit Eiswürfeln füllen. Wodka, Triple sec, Gin, weißen Rum, Cranberrysaft, frisch aufgebrühten Jasmintee und Pfirsichsirup zugeben. Den Deckel schließen und einige Sekunden schütteln.

Popping Boba oder Nata de Coco in das Glas geben, Erdbeerscheiben und Limettenstücke zufügen.

Den Inhalt des Shakers durch das Barsieb ins Glas gießen (also ohne Eiswürfel), bis das Glas etwa zu zwei Dritteln voll ist. Mit Limonade auffüllen und sofort servieren.

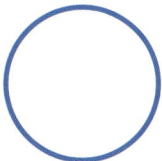

DUKE OF NEW YORK

ZUTATEN:

– 1 Spritzer Mangosirup
– 1 EL Popping Boba
– 10 ml (2 TL) frisch aufgebrühter Jasmintee (Seite 17)
– etwa 30 ml (2 EL) Tequila
– Limettenstücke oder -scheiben zum Servieren

Für den blauen Salzrand:

– Tafelsalz
– flüssige blaue Lebensmittelfarbe
– 1 Stück Limette

ZUBEHÖR:

– Shotglas, 60 ml

Für den blauen Salzrand etwas Salz auf einen Teller streuen. Sehr wenig blaue Lebensmittelfarbe zugeben und gut verrühren. Das Salz darf sich nicht auflösen. Den Glasrand mit dem Limettenstück anfeuchten und in das blaue Salz drücken.

Den Mangosirup in das vorbereitete Glas gießen und vorsichtig die Popping Boba zugeben. Den frisch aufgebrühten Jasmintee zufügen und das Glas mit Tequila auffüllen. Mit Limette garnieren und sofort servieren.

IRISH CREAM CARAMEL KISS

ZUTATEN:
– 1 EL Tapiokaperlen (Seite 10)
– 10 ml (2 TL) frisch aufgebrühter Assamtee (Seite 17)
– etwa 30 ml (2 EL) Irish Cream (Sahnelikör)
– geschlagene Sahne und Karamellsauce zum Garnieren

ZUBEHÖR:
– Shotglas, 60 ml

Die Tapiokaperlen in das Glas geben. Frisch aufgebrühten Assamtee und Sahnelikör zufügen. Ein Sahnehäubchen aufsetzen und mit Karamellsauce beträufeln.

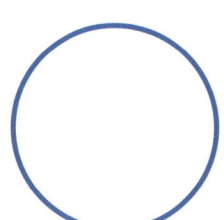

AMARULA CRUNCH MIT SAHNE

ZUTATEN:
- 1 EL Tapiokaperlen (Seite 10)
- 10 ml (2 TL) frisch aufgebrühter Assamtee (Seite 17)
- 30 ml (2 EL) Amarula (Wildfrucht-Sahne-Likör)
- geschlagene Sahne und gehackte Nüsse zum Garnieren

ZUBEHÖR:
- Shotglas, 60 ml

Die Tapiokaperlen ins Glas geben. Frisch aufgebrühten Assamtee und Amarula zugeben. Ein Sahnehäubchen aufsetzen und mit gehackten Nüssen garnieren.

Glossar der Zutaten

AGAVENDICKSAFT
Natürliches Süßungsmittel, das aus verschiedenen Agavenarten wie *Agave tequilana* und *Agave salmiana* gewonnen wird. Beliebte Alternative zu Zucker oder Honig.

AMARULA
Ein Sahnelikör aus Südafrika mit fruchtigem Geschmack. Er wird aus Sahne, Zucker und den Früchten des Marulabaums hergestellt.

ASSAMTEE
Ein kräftiger schwarzer Tee, der in der indischen Provinz Assam angebaut wird.

BORRETSCHBLÜTEN
Der Borretsch ist eine einjährige Pflanze aus der Familie der *Boraginaceae*. Seine essbaren Blüten haben einen milden Geschmack und eignen sich gut als Dekoration für süße Getränke und Desserts.

ESSBARES GOLD
Es gibt sowohl echtes essbares Blattgold, Goldpuder als auch Kuchenglitzer in Gold.

ESSBARER GLITTER
Metallisch oder perlmuttartig schimmernde Zuckerplättchen- oder kristalle in verschiedenen Farben.

GLASIERTE RINGPLÄTZCHEN
Ringförmige Plätzchen mit einer festen, farbigen Zuckerglasur.

HOLUNDERBLÜTENSIRUP
Sirup aus Holunderblüten, Zucker und Wasser. Er hat einen süßen, sehr blumigen Geschmack.

IRISH CREAM
Ein Likör aus Sahne, Kakao und irischem Whiskey.

JASMINTEE
Eine zart duftende Mischung aus grünem Tee und Jasminblüten. Er hat einen aromatischen, leicht süßlichen Geschmack.

KARAMELLISIERTE TAPIOKA
Für diese Zubereitung wird Tapioka mit Zucker erhitzt, bis dieser karamellisiert. Sie wird warm serviert (Rezept siehe Seite 12).

LÖSLICHE SÜSSE
Süßungsmittel, das sich leicht in Wasser auflöst, z. B. Agavendicksaft oder Zuckerrübensirup. (Rezept für Zuckersirup siehe Seite 9.)

MATCHA
Feines Pulver aus Grünteeblättern. Matcha hat einen markanten, leicht bitteren Geschmack und eine intensive grüne Farbe. Normalerweise wird das Pulver mit Wasser oder Milch und einem kleinen Spezialbesen verrührt.

NATA DE COCO
Ein bissfestes Gelee aus fermentiertem Kokoswasser.

POPPING BOBA
Perlen mit einer Hülle aus Alginat und einer Füllung aus Fruchtsaft. Unter Druck, z. B. beim Kauen, platzen die Perlen und geben ihre Füllung frei.

RINGELBLUMEN

Die gelben oder orangen Blütenblätter der Ringelblumen können frisch oder getrocknet gegessen und als Garnierung verwendet werden. Auch zur Kräuterteezubereitung sind sie geeignet.

TAPIOKA

Tapiokaperlen für Bubble Tea werden aus Maniokstärke und braunem Zucker hergestellt und haben eine feste, geleeartige Konsistenz. Es gibt auch kleinere weiße, grüne oder farblich gemischte Perlen, mit denen man in der asiatischen Küche z. B. Desserts zubereitet. Perlen für Bubble Tea gibt's im Teeladen.

TARO

Die Wurzel der tropischen Taropflanze wird in vielen Ländern für Desserts verwendet. Sie eignet sich auch für Bubble Tea und hat einen süßlich-nussigen, keksähnlichen Geschmack.

XANTHAN

Pflanzliches Verdickungsmittel, gut geeignet für Slushs. Es besitzt außerdem stabilisierende Wirkung und verhindert so die Phasentrennung.

YUZU

Eine gelbe Zitrusfrucht, die aussieht wie eine kleine Grapefruit.

ZUCKERSTREUSEL

Zuckerstreusel, -kugeln oder -plättchen gibt es in verschiedenen Farben. Auch winzige Figuren aus Zucker sind erhältlich, teils mit jahreszeitlichem Bezug.

Glossar der Utensilien

COCKTAILSTAMPFER

Ein Stampfer aus Holz zum Zerdrücken von Cocktailzutaten (z. B. Kräutern).

GASKARTUSCHEN

Patronen mit Stickoxid, die in einen Sahnesiphon eingesetzt werden, um Zutaten luftig aufzuschäumen.

MIXER

Elektrisches Gerät mit einem rotierenden Messer, das zum Pürieren und Mischen von Lebensmitteln verwendet wird.

SAHNESIPHON

Ein Gerät mit einem Zylinder, in den flüssige Sahne eingefüllt wird. Mithilfe von Gaskartuschen wird diese luftig aufgeschäumt. Auch geeignet zum Aufschäumen anderer Zutaten.

SIEBKELLE

Eine fein gelochte Kelle mit Stiel zum Entnehmen kleiner Zutaten aus einer Flüssigkeit. Praktisch zum Portionieren von Tapiokaperlen.

SUPPENWÄRMER

Ein elektrischer Topf zum Warmhalten von Suppen und anderen Speisen über einen längeren Zeitraum.

TRINKHALM MIT GROSSEM DURCHMESSER

Trinkhalme für Bubble Tea müssen groß genug für Tapiokaperlen, Popping Boba oder Coco de Nata sein. Besonders nachhaltig sind solche aus Glas. Man reinigt sie am besten mit winzigen Bürsten.

REGISTER

DANK

Dieses Buch ist der Höhepunkt einer Reise, die mit der Eröffnung der ersten Bubbleology-Filiale im April 2011 begann.
Diese Reise hätte ohne die Hilfe meines fantastischen Teams, die Ermutigung meiner Familie und vor allem ohne die treuen Kunden, die uns über die Jahre hinweg unterstützt haben, nicht gelingen können. Danken möchte ich auch allen bei Ebury, die geholfen haben, dieses Buch aus der Taufe zu heben.

978-3-8094-4484-8

1. Auflage

© 2021 by Bassermann Verlag, einem Unternehmen der
Penguin Random House Verlagsgruppe GmbH,
Neumarkter Straße 28, 81673 München
Copyright © Assad Khan of Bubbleology, 2020
First published in 2020 by Ebury Press, an imprint of Ebury Publishing.
Ebury Publishing is part of the Penguin Random House group of companies
Titel der Originalausgabe: The Bubble Tea Book

Für die deutsche Ausgabe
Umschlaggestaltung: Atelier Versen, Bad Aibling
Herstellung: Elke Cramer
Projektleitung: Anja Halveland

Für die englische Originalausgabe
Inside Page Design: Louise Evans
Cover Design: Small Dots
Photography: Joff Lee (except image on page 5, Tom Joy)
Mixologist: Kibria Khan
Food Stylist: Mari Williams
Prop Stylist: Faye Wears
Brand Design Coordinator: Mary Medrana

Realisierung der deutschen Ausgabe: trans texas publishing services GmbH, Köln
Übersetzung: Wiebke Krabbe, Damlos
Satz: Satzwerk Huber, Germering
Druck & Verarbeitung: PBtisk, a.s., Pribram
Printed in the Czech Republic